Johann Friedrich Ursinus

Ursprung der Kirche und des Klosters Sanct Afra in der Stadt Meissen

Johann Friedrich Ursinus

Ursprung der Kirche und des Klosters Sanct Afra in der Stadt Meissen

ISBN/EAN: 9783744701730

Hergestellt in Europa, USA, Kanada, Australien, Japan

Cover: Foto ©Lupo / pixelio.de

Weitere Bücher finden Sie auf **www.hansebooks.com**

Den Ursprung

der

Kirche und des Klosters

Sanct Afra

in der

Stadt Meissen

aus

zuverläßigen und noch ungedruckt gewesenen

Urkunden

untersucht

M. Johann Friedrich Ursinus,

Pfarrer in Boritz.

Leipzig,

bey Friedrich Gotthold Jacobäer und Sohn.

1780.

§. 1.

Die Mühe, welche man anwendet, Zeit und Umstände alter Klosterstiftungen aus der Dunkelheit ans Licht zu bringen, ist wohl nicht so ganz unnüz und nichtswürdig, als es neuerlich dem Verfasser der Geschichte von Hessen geschienen hat. [1] Die Erfahrung lehrt vielmehr die Verfasser solcher Klostergeschichte sowohl, als ihre Leser gerade das Gegentheil; und es ist schon von andern gelehrten Geschichtforschern [2] bewiesen worden, welchen ausgebreiteten Nuzen dergleichen besondre Untersuchungen für das Ganze der Staaten- und Kirchengeschichte einbringen. Nicht Lieblingsseuche, sondern Patriotismus war es, aus welchem der Wunsch des Abts Schmidt zu Marien-

A 2

rien-

---

[1] Mallets Gesch. von Hessen, 1 Th. 126. S.
[2] Man lese die Vorrede, welche Heineccius seiner Geschichte des Klosters Frankenberg in Goßlar vorgesezt hat.

rienthal hervorquoll — der edle Wunſch, daß die
Urkunden, die Alterthümer und die Chroniken der
alten Klöſter fleißiger aufgeſucht und gemein gemacht werden möchten. Wie vieles Licht würde in-
ſonderheit unſre oberſächſiſche Geſchichte, welche
immer noch mit ſo vielen Dunkelheiten, ſonderlich
was die mittlern Zeiten betrifft, umgeben iſt, erhalten haben, wenn ſich ſeit den Zeiten des Fabricius und Albinus auſſer den etlichen wenigen noch
mehrere Gelehrte gefunden hätten, welche ſich weder Zeit noch Mühe hätten dauern laſſen, die Geſchichte ſo vieler annoch im Staube der Vergeſſen-
heit begrabenen Klöſter unſers Vaterlandes hervor-
zuſuchen und bekannt zu machen! Wir haben in
Oberſachſen noch ſehr wenige ausgearbeitete und
vollſtändige Stifts- und Kloſtergeſchichte; und wo
wir ja dergleichen von einigen noch haben, ſo ent-
halten ſie größtentheils nur magre Annalen und
kraftloſe Rubriken der in und von ſolchen Klöſtern und Stiften ausgeſtellten Urkunden, ſo viel
man ihrer nur hat auftreiben können, öft ohne Ge-
ſchmack, ohne Kritik, ohne chronologiſche Ordnung
und ganz ohne hiſtoriſche Kunſt nachläßig hinge-
worfen. Als Materialien zum Bau einer vollſtän-
digern Geſchichte betrachtet, ſind dieſe hiſtoriſchen
Skizzen immer ſchätzbar, und wir müſſen es ihren
Verfaſſern Dank wiſſen, daß ſie denen, welche ein
ordentliches Gebäude aufführen wollen, ſo erſprieß-
liche Handdienſte geleiſtet haben. Etwas iſt
doch immer beſſer als gar nichts. Ohne Materialien entſteht keine Geſchichte, und der Ge-
ſchicht-

schichtschreiber ist keine Spinne, welche ihr Gewe-
be aus sich selber herausspinnt.

§. 2.

Warum hat man aber von den Klöstern unsers Landes so wenig Nachricht? — Es gab zu
allen Zeiten, und es giebt ihrer noch viele von Mallets Gesinnungen. Die Sache, sprechen sie, ist nicht
tanti, es sind Mikrologien, wer wird sich mit dergleichen Klosterwuste abgeben? Dieses ist aber wohl die
Quelle des Mangels in diesem historischen Fache
nicht allein. Man kann sicher gegen einen Abge-
neigten ihrer Neune rechnen, welche solche noch ver-
steckte Klostergeschichten begierig wünschen, und
unter diesen Neunen doch Einen, welcher sie gern
ausarbeiten und liefern möchte. Aber warum
bearbeitet und liefert er sie nicht? — Wie kann er,
wenn es ihm an Materialien und an Gelegenheit
fehlt, sie zusammenzubringen? Ich mag hier die
abgedroschnen Klagen über Neid, Mistraun, Bedenklichkeit und Nachtheiligkeit, die noch vor dreyßig Jahren gute und schlechte Scribenten einer dem
andern nachgeschrieben haben, nicht mit anheben.
Ich thäte unrecht. Unsre Großen und unsre Gelehrten sind izo noch weit mittheilender als die Blu-
misten. Sie geben aus ihren Schätzen, was sie
haben; und was sie nicht haben, und auch nicht haben konnten — darüber muß man kein Geschrey
machen, wie es doch vormals Sitte war. Die
Ursachen des Mangelhaften und des Mangels unserer Klostergeschichten liegen also wirklich von uns
A 3   viel

viel entlegener, als mancher Autor und Leſer vormals geglaubt haben. Die Kloſterperſonen in den
ältern Zeiten haben für ſich ſelbſt wenig aufgeſchrie-
ben — nichts weiter, als was ſie nothwendig ſchreiben mußten, um bedürfenden Faus beweiſen zu
können, daß ſie da wären, ſich wohl zu mäſten und
müßig zu ſeyn. [3] Daher rührt es, daß ihre Zins-
regiſter viel vollſtändiger und genauer abgefaßt ſind,
als ihre Chartularien. Selbſt die paar alten Chroniken, die von den Namen der Klöſter, in welchen
man ſie aufgeſetzt hatte, genennt worden ſind, ſind
nicht eigentlich ſo genannte Kloſtergeſchichte, ſondern vielmehr allgemeine Welt- und Landsgeſchichte.
Ueber ihre Archive hielten die Mönche aus ſchon be-
kannten Urſachen zwar ſehr ſorgfältig; aber es kam
eine Zeit, da auch dieſe in den meiſten Klöſtern ein
ſehr widriges und bedauernswürdiges Schickſal hatten. Bey der Reformation, da die Klöſter einge-
zogen, und ihre Güter zu andern und eines Theils
beſſern Abſichten beſtimmt wurden, gieng man mit
dieſen

3) Dieſes iſt keine Spötterey, ſondern Wahrheit,
die ein alter Dompfaffe zu Meiſſen mit eigner
Hand ſelber treulich niedergeſchrieben hat. Er
mußte 1473 auf Befehl des Biſchofs zu Meiſſen
ein Verzeichniß aller vorhandenen Stiftsurkunden
und Brieffſchaften aufſetzen. Endlich kommt er
auf die Rubrik: Literae Indulgentiarum, und um
ſich die Mühe ihrer Specificirung zu erſparen,
ſchrieb er getroſt unter die Rubrik: — quoniam
non ſunt de pane lucrando, collectae ſunt in ſca-
tulam V, ſed non regiſtratae.

diesen wahren Schatzkammern der ächten Geschichte sehr unbarmherzig und unverständig um. Nei-
disch und boshaft raubten und unterdrückten schon
die Klosterpersonen, was sie nicht in den Händen
ihrer vermeyntlichen Widerwärtigen wissen wollten;
und was sie übrig liessen, das wurde von den ersten Klosterverwesern oder Amtleuten, welche keine
Gelehrten und keine Historiker seyn mochten, entweder aus List und Unverstand cassirt und zerstreut,
oder zu ewiger Gefangenschaft verdammt; und was
dieser entgieng, fiel in die unerbittlichen Hände der
Buchbinder und Krämer. 4) Ist es Wunder,
daß es so schwer wird, eine gute, richtige und voll-
ständige Klostergeschichte zu schreiben, da die beß-
ten Quellen darzu theils zerstört, theils so verschüt-
tet sind?

§. 3.

So groß von je her meine Neigung zur vater-
ländischen Geschichte gewesen ist; so sehr ich auch
wünschte, von dem ehemaligen Kloster zu St. Afra
in Meissen, aus Liebe und Dankbarkeit gegen den
Ort, in welchem ich geboren, erzogen und unter-

A 4   richtet

---

4) Dieser Dummheit hatte sich schon lange vor der
Reformation mancher Bruder Klosterbuchbinder
schuldig gemacht, und mit den wichtigsten Diplomen Bücher eingebunden, wie man aus Schannati
Corp. tradit. Fuldenf. p. 126. und Kreißigs Bey-
trägen zur sächsischen Geschichte 1 Bd. 342 S.
genugsam sehen kann.

richtet worden bin, mehrere Nachricht, als bereits davon vorhanden war, zu erfahren, einzuſammeln und aufzuſetzen: ſo würde doch dieſer Wunſch ganz unbefriedigt geblieben ſeyn, wenn mir nicht ein ſehr glücklicher Zufall die von dieſem Kloſter noch einzigen übrigen Nachrichten in die Hände geführet hätte, um ſie ihrem ganz nahen und gänzlichen Untergange zu entreiſſen.

Im vorigen ſiebenjährigen preußiſchen Kriege 1760, da ich mich einige wenige Zeit in meiner Vaterſtadt aufhielt, war es, als ich in einem Kaufmannsladen ein Paquet ſo genannter alter Scripturen antraf, welche als unnütze Maculatur dahin gebracht worden waren. In dieſem Paquete erblickte ich ein altes in Schweinsleder dick eingebundenes Buch. Bücher, ſo ſchlecht und alt ſie auch ausſehen mögen, haben mich allezeit an ſich gezogen. „Was haben Sie da,“ fragte ich, „für ein altes Buch mitbekommen?“ Und die Antwort war: „Es iſt Geſchriebenes, alt, uralt Zeug, es kann es niemand leſen, mögen wohl etwa alte Rechnungen oder Exercitien ſeyn — zum Zerreiſſen iſt es gut.“ Ich ließ mir es zeigen, ſahe es an, durchblätterte es, ſahe, daß leider! ſchon in der Mitte und hinten einige Blätter herausgeriſſen waren — ſahe alte Regiſter und Briefe darein geſchrieben — ward etlichemal die Worte: Meiſſen, Monaſterium, Biſchof u. ſ. w. gewahr — mußte nicht, wofür ichs eigentlich halten ſollte, und ohne noch zu wiſſen, daß es lediglich und allein Nachrichten von meinem gewünſchten lieben Kloſter und

Ge.

Geburtsorte in ſich enthielte — bloß weil es ein altes geſchriebenes Buch war — handelte ichs dem
Kaufmann für einen leidlichen Preis ab; und ſiehe
da, hiermit rettete ich ein Chartularium des Kloſters St. Afra, das ohne dieſen Zufall in wenig
Tagen auf ewig verloren war; dadurch ich mich
aber auch in den Stand geſetzt ſahe, die Geſchichte
dieſes alten und ſo berühmten Kloſters nun in ein
beſſeres Licht zu ſetzen, als man davon bis hieher
hatte geben können.

Und woher wollte man auch den Stoff zu dieſer Kloſtergeſchichte ſonſt nehmen? Etwa aus des
Fabricius meißniſchen und ſächſiſchen Geſchichtbü-
chern? — Es iſt nicht zu läugnen, daß er eine
tüchtige Land- und Stadtgeſchichte liefern zu können
die allerbeſte Gelegenheit hatte. Alle Archive und
Bibliotheken ſtunden ihm offen — die Großen des
Landes boten ihm ihre Hand, und der Churfürſt
Auguſt beſoldete ihn ſogar deswegen: aber bey allen dieſen Vortheilen hat uns Fabricius gleichwohl,
ſeinen lateiniſchen Styl ausgenommen, ſchlechte hiſtoriſche Producte geliefert; und was er von unſerm Kloſter, in welchem er doch über zwanzig Jahr
lebte und webte, beygebracht hat, iſt viel zu wenig,
und das Wenige ſelbſt viel zu unrichtig, als daß
man es gut gebrauchen könnte. Mögen immer,
wie man mir verſichern wollen, noch beſondre Nachrichten von unſerm Kloſter unter ſeinen Handſchriften liegen geblieben ſeyn, welche, wie man weiß,
einestheils in die landesherrliche Bibliothek nach
Dresden, und anderntheils in die Bibliothek nach

Wit-

Wittenberg gekommen ſind: ich habe mich nie über-
winden können, nur eine Feder deswegen anzuſetzen.
Denn ich bin nun einmal bey meinen hiſtoriſchen
Unterſuchungen gegen den Fabricius ſo mistrauiſch
geworden, daß ich ſeinen Handſchriften eben ſo wenig aufs Wort glauben würde, als ich ſeinen gedruckten Sachen glaube. Als einen Linguiſten,
Dichter, Philologen und Schulrector ſchätze ich
dieſen Mann ſehr hoch: aber als Geſchichtſchreiber
gilt er mir faſt nichts, ſo viel er auch ſonſt als
ſolcher bey ſeinen Zeitgenoſſen und Nachbetern ge-
golten haben mag. Und eben bey ſeinem Ruhme,
welchen er ſich von jener Seite erwarb, führte er
ſie alle auf dieſer Seite ſicherlich irre.

In den folgenden Zeiten haben ſich wenige um
die Geſchichte dieſes Kloſters bekümmert, wiewohl
ſie nicht ganz unbearbeitet liegen geblieben iſt. Der
gelehrte und gründliche ſächſiſche Hiſtoriographus,
M. Johann Gottlieb Horn, hat einen zuverläßigen Bericht von dem ehemaligen Kloſter St. Afra
zu Meiſſen — in der Handſchrift hinterlaſſen. Er
hatte dieſe Arbeit ſchon 1733 zum Drucke fertig,
und verſprach in ſeiner ſächſiſchen Handbibliothek
S. 838 ſolche in dieſem Werke mit einzurücken.
Möchte es doch geſchehen ſeyn! Vor einigen Jahren las man in den Dresdner gelehrten Anzeigen
ein Verzeichniß von den Horniſchen hinterlaſſenen
Handſchriften, und unter andern auch dieſes Manuſcript: ich habe es aber nie auftreiben können,
und wo es hingekommen ſeyn mag, weiß ich nicht.
Man hat mir auch für gewiß erzählt, daß ein ge-

wiſſer

wisser Organist zu St. Afra eine Geschichte dieses
Klosters zu schreiben unternommen, und auch zu
Stande gebracht habe; es sey ihm aber nicht erlaubt
worden, solche herauszugeben. Vielleicht weil seine Arbeit für das Publicum zu schlecht war; vielleicht auch, weil man einem Organisten diese Ehre
nicht gönnen wollte, indem andere, welche sie er-
reichen konnten, darzu viel zu saumselig waren.
Noch als ich in St. Afra Schüler war, trug man
sich damit, der damalige Conrector und nachherige
Rector, M. Johann Gottfried Höre, habe eine
Beschreibung dieses Klosters unter der Feder. Ich
weiß es aber aus seinem Munde, und ich habe es
schriftlich von ihm, daß er an die eigentlich so genannte Klostergeschichte nie Hand zu Werke gelegt,
sondern blos eine Geschichte der 1543 in diesem
Kloster angelegten Fürstenschule auszuführen sich
vorgenommen habe, 5) darzu er auch in seinem
Pro-

5) Er war Willens, die Afranischen Schulmerkwür-
digkeiten in zwey Saecula zu vertheilen, und davon
erst nur das erstere in einem Octavbändchen unter dem Titel: Sciagraphia Pinacothecae Afranae,
in qua post St. Afrae et Georgii Commerstadii
memoriam de Pastoribus, Praeceptoribus, Oeco-
nomis et Alumnis Scholae provincialis ad Albim
tantum exhibet, quantum investigare potuit I. G.
Hoerius, an das Licht zu stellen; in der Absicht,
dadurch einige Leser zu erwecken, daß sie ihn mit
mehrern Nachrichten, entweder zu Supplirung
des erstern, oder Vollendung des andern Theils,
unterstützen möchten.

Programma, welches er 1751 ſchrieb, als M. Johann Uliſch das Rectorat übernahm, gute Hoff-
nung machte. In ſolcher Abſicht gab er ſchon vor-
läufig in ſeinen Schulprogrammaten von den Leh-
rern dieſer Schule und von den ſeltnen Büchern
und Handſchriften auf der Schulbibliothek ſehr gute, richtige und gründlich ausgearbeitete Nachrichten; und bey dem vermeyntlichen Jubeljahre des
Kloſters 1760 beſchrieb er das Leben der heiligen
Afra ſehr mühſam und fleißig, wagte auch, von
dem Fabricius hintergangen, etliche mit vieler Einſicht überdachte Conjecturen, warum man etwa dieſe Kirche zu Meiſſen der heiligen Afra gewidmet
haben möchte. Sein Tod hat ſeine Abſicht verei-
telt, ſeine mit Fleiß und Mühe zuſammengetrage-
nen Materialien, darzu ich ſelbſt viel ſammeln half,
zerſtreut, und ich weiß die Stätte nicht, wo ſie ru-
hen oder verderben mögen. Daß der berühmte
Schöttgen bey der Menge ſeiner Arbeiten an unſer Kloſter gedacht haben ſolle, glaube ich um deß-
willen nicht, weil er ſelber in ſeiner noch in der
Handſchrift befindlichen Beſchreibung der Biſchöfe
zu Meiſſen, in dem Leben des Biſchofs Dittrichs
des zweyten §. 3. frey herausſagt, es wären von der
Stiftung und den übrigen Umſtänden des Kloſters
zu St. Afra weiter keine Nachrichten vorhanden,
als nur dieſe, daß es der ißtgenannte Biſchof geſtiftet habe. Wenige Jahre vor ſeinem Ende er-
oberte er jedoch eine Abſchrift von dem Stiftungsbriefe dieſes Kloſters, und verſprach, ſolchen
mit nächſtem durch den Druck bekannt zu machen.

chen. 6) Er hat aber dieses Versprechen nicht erfüllen können, weil nicht lange hernach sein Ende
ihn daran verhinderte.' Die Liebhaber der vater-
ländischen Geschichte haben ihn immittelst nicht eingebüßt — diesen Stiftungsbrief. Denn gleich
darauf als ich obgedachtes Chartularium seinem gewissen Untergange entrissen hatte, kam der damals
in Meissen sich aufhaltende Dreßdnische Prediger,
M. Ephr. Gotthelf Köchly, zu mir — freuete sich
mit mir inniglich über diese historische Beute; und
da er ein Mitarbeiter an dem damals unter dem
Herrn D. Kiesling herauskommenden Alten und
Neuen theologischer Sachen war, mußte ich ihm
erlauben, von der in diesem Chartular befindlichen
Copie dieses Stiftungsbriefes eine Abschrift zu nehmen, damit er sie in jene Monatsschrift einrücken
lassen könnte. Dieses geschahe, und unsere Abschrift erschien in gedachter Monatsschrift des Jahrs
1760 S. 375 u. f. Ich bekenne es aber hier öffentlich, dort steht dieser Brief äußerst fehlerhaft
abgedruckt. Die Schuld liegt nicht an dem Se-
ßer oder Corrector, sondern an uns beyden. Denn
ob damals schon vier Augen gelesen hatten, so hatten sie doch nicht gut gelesen, weil wir der Mönchs-
schrift noch nicht gewohnt waren. In dieser Abhandlung steht er nun mit aller möglichen Genauig-
keit abcopirt; und alle jene ganz unverzeihlichen
Schni-

---

6) In sched. de antiquissimis literarum in terris sup.
Saxoniae fatis, ad clariss. D. V. E. Loescherum
1748. §. 9 p. 9.

Schnitzer wieder gut zu machen, füge ich noch etliche andre und noch nie gedruckte Urkunden bey,
welche mit dem Stiftungsbriefe in der genauſten
Verbindung ſtehen, und zur Erläuterung ynſers
Vorhabens ganz unentbehrlich waren.

§. 4.

Die Hauptabſicht dieſer Schrift geht nämlich
dahin, lediglich den wahren Urſprung des Kloſters
St. Afra ausfündig zu machen und zu beſtimmen,
zugleich aber auch denjenigen, welche theils mit
gelehrter Ungeduld, theils mit ſcoptiſcher Gleich-
gültigkeit meiner Beſchreibung dieſes Kloſters ſchon
lange entgegen geſehen haben, das Wichtigſte und
Vornehmſte daraus in einer beliebten Kürze zu über-
liefern; weil vielleicht mein ganzes Manuſcript
mit dem Horniſchen einerley Schickſal haben, und
mithin noch lange vor den Augen des Publicums
verborgen bleiben möchte, daran aber nichts weiter
Schuld iſt, als — der Genius unſers ſinkenden
Jahrhunderts.

Erſte

Erste Abtheilung.
Von der Stiftung der Kirche zu St. Afra in Meissen.

§. 5.

Da die Kirche zu St. Afra über anderthalb hundert Jahr eher, als das dabey angelegte Kloster gestiftet worden ist: so erfodert es die Ordnung der Geschichte, daß wir zuvörderst von dem wahren Ursprunge dieser Kirche, und hierauf von der Stiftung des Klosters an derselbigen handeln. Hier fragt sich nun vor allen Dingen: wer ist der Stifter dieser Kirche? Zu welcher Zeit ist sie gestiftet worden? In welcher Absicht ward sie errichtet? und was mag den Stifter bewogen haben, sie vornehmlich der heiligen Afra zu widmen?

§. 6.

Wer ist der Stifter dieser Kirche? In welche Zeit fällt ihre Stiftung? Ist der Bischof zu Meissen, Reinher, ihr Stifter? Ist es wahr, zuverläßig wahr, daß er es seyn kann? und daß er diese Stiftung im Jahre 1060 vollzogen haben kann? — So sagt es Fabricius in seinen meißnischen Jahrbüchern S. 87, welche der selige Rector Höre ganz richtig und treffend mager oder dünnleibigt genennet hat.

hat. 7) Völlig im Ton und ganz mit der wich-
tigen Mine eines glaubwürdigen Geſchichtſchrei-
bers ſagt er es in folgenden Ausdrücken: „Im Jah-
„re 1060, im andern Jahre des Pabſts Nicolaus
„des zweyten, und im vierten Jahre des Kanſer
„Heinrichs des vierten, vollendet und weyhet der
„Biſchof Reinerus das Kloſter St. Afrä. Er
„aber (der Biſchof) ſtarb den 15ten April in dieſem
„Jahre.“ An einem andern Orte ſeiner Schriften 8)
ſetzt er noch hinzu, daß derſelbe Biſchof, mit päbſtlichen Privilegien hierzu verſehen, zu dieſer ſeiner
vorhabenden Stiftung ſelber den Grund gelegt,
bey dieſer Grundlegung gebetet, und eine Rede gehalten, auf dem Platze ein Kreuz aufgerichtet, den
Bau unverdroſſen betrieben, und kurz vor ſeinem
Ende zu Stande gebracht, auch mit genugſamen
Einkünften beſtens verſorgt habe. Dieſes alles
klingt nun ganz glaublich, ſieht gar nicht wie
Mährchen, und hat dem erſten Anſcheine nach) ſogar Kennzeichen der hiſtoriſchen Richtigkeit, ſo daß
man, wie Höre am angeführten Orte, vermuthen
ſollte, Fabricius müſſe das aus der Quelle alter
rarer Schriften geſchöpft haben; oder man, wie
Calles 9), vermeynen möchte, er habe dieſe Nachricht gewiß aus unläugbaren, zuverläßigen Urkunden abgeſchrieben. Denn fängt er nicht mit eben
                                              ſolchen

7) In progr. de Sancta Afra 1760. fol. 1. Gracilis
    Miſnae Annales —
8) Orig. Saxon. lib. I. p. 74. lib. III. p. 194.
9) Ser. Epiſcopor. Miſnenſ. p. 170.

solchen Formeln an zu erzählen, wie sich gemeiniglich die kaiserlichen und die päbstlichen Briefe der
damaligen Zeiten zu beschliessen pflegen? Und trifft
nicht das zweyte Jahr der päbstlichen, und das
vierte Jahr der kaiserlichen Regierung auf das Jahr
der christlichen Zeitrechnung 1060 völlig richtig zu?
also muß es wohl wahr seyn, was da von dieser
Stiftung geschrieben steht: zumal da auch Albinus [10] beystimmt, und Reinern einen Stifter zu
St. Afra nennet.

Wie aber, wenn es nun nicht wahr, wenn es
grundfalsch), wenn es sogar von dem Fabricius entweder selbst erdichtet worden, oder von andrer Hand
ihm eine solche Erdichtung für Wahrheit verkauft
worden wäre? Dieses zu beweisen, soll mir gar
nicht schwer fallen, und am Ende werden meine
Leser finden, daß ich dem großen Manne mit nich-
ten etwas zur Ungebühr beschuldige, um etwa mich
groß zu machen. Das will ich nicht, und dazu ists
mit mir schon zu spät. Mir ist es hier blos um
Wahrheit zu thun.

§. 7.

Was Fabricius von der Stiftung des Klosters
zu St. Afra erzählt, ist offenbar grundfalsch und
erdichtet. Ohne hier zu beweisen, daß in dem Jahre, welches er ansetzt, noch gar nicht an ein Kloster
zu St. Afra zu gedenken war; weil dieses aus der

Folge

[10] Meißn. Landchron. Tit. 23. p. 279.

B

Folge dieſer Abhandlung ſich ſchon von ſelbſt er-
geben wird: ſo kommt es nur darauf an, daß wir
erſt ausmachen, ob Biſchof Reiner wirklich der
Stifter der Kirche zu St. Afra ſeyn könne?

Hier muß ich meine Leſer bitten, daß ſie ſich
mit mir in die Zeitfolge der erſten meißniſchen Biſchöfe, und zwar der drey nächſten Vorfahren des
Biſchofs Reiner, ruhig hinaufdenken mögen, um
es gewiß zu erfahren, ob Fabricius das, was er von
dieſem Reiner ſagt, mit Grund der Wahrheit nach
völlig richtig hiſtoriſchen Gründen geſagt habe?

Reiner iſt, nach guten alten Catalogen, Urkunden und glaubwürdigen Schriftſtellern, der achte
in der Reihe der meißniſchen Biſchöfe. Weiter
als bis auf den fünften Biſchof brauchen wir nicht
zurückzugehen, um hinter die reine Wahrheit zu
kommen. Dieſer war Theodoricus oder Dittrich,
der Erſte dieſes Namens, welcher 1024 Biſchof
ward, und 1027 dem von dem Erzbiſchofe zu
Maynz angeſtellten Concilium in Frankfurt bey-
wohnte; daher unmöglich, wie Fabricius ſchreibt,
ſein Tod in das Jahr 1025 fallen konnte. Seiner
wird ſogar noch in ein paar kaiſerlichen Urkunden
vom Jahr 1028 und 1031 gedacht; und ich habe
gegründete Vermuthungen, die ich hier nicht anführen kann, daß derſelbe bis nahe an das Jahr
1040 gelebt haben müſſe, als in welchem Jahre
ein andrer, und zwar der ſechſte Biſchof zu Meiß-
ſen hervortritt. Er hieß Aico, oder Aegidius der
zweyte.

zweyte. ¹¹) Allzulange hat dieser den bischöflichen
Stuhl nicht besessen; denn ein kaiserliches und bereits gedrucktes Diplom vom Jahr 1046 nennt
uns schon seinen Nachfolger, den Bruno den Ersten, als den siebenten meißnischen Bischof, des-
sensam spätesten noch in einem kaiserlichen Diplom
vom Jahr 1064 namentlich gedacht wird. ¹²)
Ihm nun folgte, als der achte Bischof, Reinerus,
bisheriger Hofcapellan des Kaisers. Der gleich-
zeitige Bischof zu Eichstätt, Gundacker, hat in
seinem Verzeichnisse der zu seinen Zeiten am Leben gewesenen und mit Tode abgegangenen Bischöfe
S. 119 Reiners Namen mit bemerket; und der
sächsische Annalist, so wie auch Lambert von Aschaf-
fenburg, bezeugen beyde, daß dieser Reiner im
B 2
Jahre

11) Das Diploma, welches dieses beweiset, steht in
Kreyßigs Beytr. zur Sächs. Gesch. 1 B. 3. 4 S.
Hiermit wird abermals eine fabricische Unrich-
tigkeit offenbar, welche ihm viele lange Zeit aus
Respect vor seinem großen Namen treulich nachgeschrieben haben. Er nennet einen Meinward,
welcher nie, wenigstens in der Zeit nicht, da er
ihn angiebt, in der Reihe der meißnischen Bischöfe eine Stelle gehabt haben kann. Das Auge
des P. Calles war schon kritischer. Er sahe hier
Lücken und Verwirrungen; er nahm also eine
Versetzung vor, weil er dachte, Meinwardus müßte nothwendig einer der ersten Bischöfe seyn, weil
es Fabricius und Albinus gesagt hatten. S. ser.
Episc. Misn. p 65. vergl. Schöttg. Leben Conrats
Markgr. zu Meißen, S. 294. 296.
12) S. Schöttg. diplom. Nachlese, 7 B 390 S.

Jahre 1066, und alſo nicht 1060 geſtorben ſey,
und daß an ſeine Stelle der geldgierige Krafft,
Probſt zu Goßlar, bald nach dieſem aber der bekannte Benno gewählt worden wären. Angenommen
alſo, daß Bruno der I. als Reiners unmittelbarer
Vorfahrer im Jahr 1064 geſtorben wäre — denn
ſeine eigentliche Sterbenszeit iſt noch unbekannt —
ſo kann Reiner, wenn wir ſeiner biſchöflichen Regierung auch das längſte Maaß von Zeit zugeſtehen,
doch nicht viel über zwey Jahr, nämlich von 1064
bis 1066, Biſchof zu Meißen geweſen ſeyn. Alles,
was ich bisher von der Reihe der erſten meißniſchen
Biſchöfe aus ganz unverwerflichen Zeugniſſen, als
den reinſten und ſicherſten Quellen der Geſchichte,
angeführt habe; entdeckt es uns nicht ganz hand-
greiflich das Falſche und Unwahre in jener Erzählung des Fabricius, die doch erſt in einem ſo un-
ſchuldigen Gewande der hiſtoriſchen Wahrheit er-
ſchien? Und was folgt nun aus allen dieſen Bemer-
kungen? Was anders, als dieſes? Reiner kann alſo entweder gar nicht der Stifter der Kirche zu St.
Afra ſeyn; oder, wenn er es iſt, ſo kann ihre
Stiftung und Einweihung unmöglich im Jahre
1060 — denn da lebte noch der Biſchof Bruno
der I. — ſondern ſie müßte erſt in den beyden Jahren 1065 oder 1066 geſchehen ſeyn: es müßte auch,
weil Reiner nur ſo kurze Zeit Biſchof geweſen iſt,
mit dieſer ganzen Stiftung ſehr geſchwinde zuge-
gangen ſeyn, und er müßte ſich ſogleich beym An-
tritte ſeines biſchöflichen Amts hierzu entſchloſſen
haben. Solchemnach rückte die Stiftung unſrer
Kirche

Kirche schon um 5 bis 6 Jahre vorwärts, wenn Fabricius wahr geredet haben, und Reiner ihr Stifter seyn sollte und müßte. Erscheint aber bey diesen Beobachtungen das Glaukoma von den angeführten päbstlichen und kaiserlichen Regierungs-jahren nicht schon sehr merklich? Hat sich Fabricius, indem er seiner Nachricht die helleste Farbe der Glaubwürdigkeit anstreichen wollte, nicht selbst unvorsichtigerweise eine Falle gelegt, oder von andern legen lassen, um ihn desto besser auf seinen falschen Wegen ertappen zu können?

Denn gesetzt, es wäre so, er habe die Zeitmerk-male dieser Stiftung aus alten raren Schriften, oder aus erprobten kaiserlichen und päbstlichen Briefen genommen: nun, so kann nicht Reiner der Stifter dieser Kirche, sondern Bruno der I. muß es seyn; so kann, wenn man auch die Worte des Fabricius nur ganz buchstäblich nehmen wollte, Reiner die Stiftung eines andern auch nicht einmal zu Stande gebracht, oder die Kirche nur geweihet, sondern Bruno müßte das gethan haben: und folg-lich wäre es doch Unwahrheit, daß er Reinern für den Stifter, und noch dazu von seiner Stiftung so viele Umstände, gleich als wären sie so von ihm geschehen, angiebt. Sollte und müßte es aber wegen dieser von ihm angeführten Umstände der Bischof Reiner seyn: so habe ich schon gesagt und unwiderleglich bewiesen, daß diese Stiftung ganz unmöglich von ihm im Jahr 1050 habe vollendet und publicirt werden können, sondern sie fiele schlech-terdings in eins von seinen beyden bischöflichen Re-

B 3   gie-

gierungsjahren 1065 oder 1056. Wenn nun das
ſich ſo befände — und wir wollen thun, als befände ſichs ſo — was wollen wir nun mit den angeb-
lichen faiſerlichen und päbſtlichen Regierungsjahren
machen? Uns den Kopf darüber zerbrechen? Das hie-
ße, Mühe und Zeit verlieren. Was kömmt alſo allmählig in der ganzen fabriciſchen Erzählung zum
Vorſchein? Was? — offenbare Fiction — Betrug —
hiſtoriſche Charlatanerie.¹³) Entweder Fabricius hat
aller Welt hiermit einen hiſtoriſchen Affen ſchleyern
wollen; oder — ich will billig ſeyn, und ihn gern
entſchuldigen — ein andrer hat ihm dieſe Puppe an-
geputzt, und er hielt ſie ohne Prüfung für eine Ju-
no. So ſinkt denn nun hiermit die ſo prächtig
eingekleidete Nachricht vom erſten Urſprung der
St. Afrakirche in ein lange genug geprieſenes und

ge-

13) Wie ſtimmt dieſes nun mit ſeinen eignen Worten zuſammen, da er an den damaligen Kanzler
D. Simon Piſtoris in ſeinem dem achten Buche
ſeiner Orig. Saxon. S. 883 vorgeſetzten Briefe
ſchrieb: falſa aut excogitata afferre, praeter viri
boni officium eſt, et deformat narrationes ipſa
vanitas deprehenſa. Würde er mir dieſe entdeck-
te Vanität wohl Dank wiſſen? Vielleicht, denn
er ſchreibt ja weiter: ego is non ſum, qui mea per-
tinaciter defendam, ſed iis gratias habebo perpe-
tuas, per quos proficio. Aber vielleicht auch nicht.
Denn es könnte leicht geſchehen, daß er mich mit
unter diejenigen zählte, von welchen er in einem
andern Briefe an D. Ulrich Mordeiſen ſpricht:
Iudices in meo labore invidioſo habiturus infini-
tos, ſed adiutorem iam plane reperio neminem.

geschäptes — Nichts. Einem forschenden Auge
mußte sie schon deswegen bedenklich vorkommen,
weil Fabricius der einzige und der erste war, der
sie gab. Kein einiges altes Chronicon mittlerer
Zeiten — welches immer merkwürdig ist — hat
von dieser Stiftung etwas gedacht; und da es damals in unserm Lande noch so etwas gar seltenes
war, Kirchen zu stiften, und zwar eine solche,
wie die St. Afrakirche ist, in der Residenz des
Markgrafen und des Bischofs zu Meißen, selber
von einem Bischof nahe bey seiner Kathedralkirche
gestiftet — so sollte man glauben, der vorhin angeführte eichstättische Bischof würde es gewiß nicht
vergessen haben, mit anzumerken, wenn sein Bekannter, sein Zeitgenosse, sein College, der Bischof
Reiner, diese Kirche wirklich gestiftet hätte, zumal
da sich derselbe in seiner kurzen Zeit mit sonst weiter
nichts andenkenswürdig gemacht hatte. Es ist von
ihm nicht geschehen — es ist auch von keinem andern Scribenten geschehen. Dieser Umstand hat
mich auf andre Gedanken geleitet, die ich nun weiter verfolgen und in ihr gehöriges Licht setzen will.

§. 8.

Im Grunde wüßten wir also von dem eigentlichen Stifter und der Zeit der Stiftung dieser Kirche immer noch nichts gewisses, nichts zuverläßiges.
Beide wären noch in große dicke Nebel eingehüllet.
Denn durch die Brille, die uns Fabricius aufsetz-
te, sahe man — Blendwerk, und nichts mehr.
So viel ist jedoch gewiß, jünger als die Zeit ist,

B 4   welche

welche er von ihrer Entſtehung angiebt, iſt dieſe
Kirche gewiß nicht. Sie bekommt vielmehr meinem Erachten nach eine viel ältere Epoche, ſo wie
ſie auch nothwendig hiermit einen viel ältern und
ganz andern Stifter, als den Reiner, erhalten muß.
Daß aber dieſer ein Biſchof zu Meißen geweſen
ſeyn müſſe, welcher dieſe Kirche geſtiftet hat, iſt
theils aus der Stiftungsurkunde des Biſchofs Dittrichs des II. über das bey dieſer Kirche angelegte
Kloſter ſicher zu ſchlieſſen —. ecclesia St. Afrae
spectat ad donationem Episcopi iure episcopali,
ſagt er; [14] theils bezeugen es verſchiedne andre
biſchöflichmeißniſche Urkunden, welche das Kloſter
St. Afra 1376, 1401 und 1406 erhalten hat, ausdrücklich, daß dieſe Kirche ein Geſtifte eines meißniſchen Biſchofs ſey. Und bey den letzt angeführten Urkunden des Biſchofs Thimo von Kolbitz iſt
es ſonderlich, wo eine alte Kloſterhand in meinem
alten Chartular bey den Worten der Urkunde vom
Jahr 1401, „Nu haben wir ſunderlich angeſehen,
„daz dy kyrche czu ſant Affran Vnſer Vurſarn vnd
„eynes biſchoves czu Miſſen Geſtift iſt,“ auf den
Rand geſchrieben hat: Theodoricus I. fundator
Affrae; womit auch die Worte ſeiner andern Urkunde vom Jahr 1406 übereinkommen: „Ecclesia
„St. Afrae juxta primitivam inſtitutionem episcopa-
„lis fundationis secundaria, noſtrae cathedralis eccle-
„ſiae et vicinitate noſcitur conjuncta.“ Hier hätten wir alſo den Namen des Stifters unſrer Afrakirche,

14) S. unten in der Urkunden-Samml. Nro. 1.

Kirche, und zugleich den Zeitraum, binnen welchem
er sie gestiftet habe, nämlich zwischen den Jahren
1024 bis ungefehr 1039. Denn während dieser
Zeit war Dittrich der Erste, wie ich vorhin (§. 7.)
bewiesen habe, Bischof zu Meißen. Zu diesem
ganz ungezweifelten Zeugnisse setze ich noch ein an=
deres, welches mir aus einem alten geschriebenen
Catalogus der meißnischen Bischöfe bekannt gewor=
den ist. In demselben steht bey dem Namen des
fünften Bischofs Theodorici I. dieses mit der
nämlichen alten Hand, welche den Namen schrieb,
beygeschrieben: fundator ecclesiae Sanctae Afrae
Milnensis. Diesem könnte ich noch zum Beweis
das alte Siegel des afranischen Klosterconvents bey=
fügen, auf welchem nebst der heiligen Afra und
Katharina auch ein Bischof abgebildet steht, bey
welchem diese Worte: Theodr. Eps. eingegraben sind;
weil aber dieses eben so gut auf den zweyten Theo=
doricus, als den Stifter des Klosters, gedeutet
werden kann, so will ich diesen Beweis nicht ein=
mal mitnehmen.

Was haben wir nun wohl bey dem Verlust der
Nachricht aus der fabricischen Fabrike eingebüßt?
Gar nichts — vielmehr gewonnen haben wir da=
bey. Wir kennen nun den wahren Stifter dieser
alten meißnischen Kirche; es ist nicht Bischof Reiner,
sondern ein viel älterer, nämlich der fünfte Bischof,
Dittrich I. Sey es doch immer, daß wir keinen
gewissen Zeitpunct ihrer Stiftung angeben können:
allemal besser, als einen ganz falschen, erdichteten
und fabelhaften. Und so viel können wir doch ge=

B 5   wiß

wiß ſagen: die St. Afrakirche entſtand binnen den Jahren 1025 bis 1039. Iſt das nicht Alter genug? und zwar ein Alter, an welchem man nicht mehr zweifeln darf, wenn wir auch ſchon das Jahr ihrer Vollendung nicht nach kaiſerlichen und päbſt‐ lichen Regierungsjahren berechnen können. Ge‐ nug, ſie entſtand, und war ſchon vor dem angeb‐ lichen 1060ſten Jahre zwanzig bis dreyßig Jahre fertig. Das haben wir ſattſam bewieſen.

§. 9.

Der wahre Stifter dieſer Kirche und die wahre Zeit ihrer Entſtehung wären uns nun nicht mehr verborgen. Aber unſer im Forſchen unermüdeter Geiſt will noch mehr wiſſen. Er fragt weiter: was mag der Stifter wohl für eine Abſicht gehabt haben, dieſe Kirche zu erbauen? Eine muß er doch gehabt haben. Denn ohne Abſicht handelt der vernünfti‐ ge Menſch nie, auch nicht einmal in ſeinen gemein‐ ſten und alltäglichen Handlungen; geſchweige, wenn er ſich vornimmt, eine Kirche aufzuführen. Wir könnten hier gar bald mit der Antwort fertig ſeyn, wenn wir ſprächen: eben diejenige Abſicht hat‐ te der Biſchof, in welcher ein jedes Gotteshaus auf‐ gerichtet da ſteht — damit man in demſelben zu be‐ ſtimmter Zeit den öffentlichen Gottesdienſt abwar‐ ten, und die Pflichten des dritten Gebots erfüllen möchte. Zu dieſer Abſicht aber ſtund ja ſchon für Meiſens älteſte Einwohner die ſchöne und gerau‐ mige Domkirche da; und die Bewohner in der

Vor‐

Vorstadt an der Trübische ¹⁵) hatten schon im Jahr
984 die St. Nicolauskirche, welche in den Zeiten
vor den Hußitenkriegen, da sie abgebrannt und bis
auf den Grund zerstört ward, auch wohl größer und
weitläuftiger gewesen seyn kann, weil sie allemal
ihren eigenen Pastor gehabt hat. ¹⁶)   Wozu denn
also diese neue Kirche? —

Es ist leicht zu erachten, daß seit der Zeit der
Erbauung der Stadt Meißen, dazu Kaiser Heinrich I. im Jahr 922 den Anfang machte, bis auf
des Bischof Dittrichs I. Zeiten, also gerade in hundert Jahren, dieser Ort immer volkreicher und be-
wohnter geworden seyn müsse. Schon itzt fiengen
die Domherren an, zu vornehm und zu delicat zu
werden, als daß sie sich mit der Seelenpflege ferner
abgeben und beschäftigen sollten. ¹⁷)   Der leute auf
dem

15) Diese war in den ersten und ältesten Zeiten die
    einige Vorstadt (suburbium), wie es Ditmar von
    Merseburg etlichemal bemerkt hat. Keine soge-
    nannte Vorbrücke; denn damals hatte Meißen
    noch keine Brücke, auch kein Suburbium vor dem
    Lommatzscher Thore. Soll ich es beschreiben,
    so gieng das alte Suburbium Misnense unter der
    Wasserburg an, und reichte bis hinauf an die St.
    Nicolauskirche.
16) S. Ditmar. p. m. 65. Annalista Saxo ad an. 984.
    Von dieser Kirche habe ich in meiner noch in der
    Handschrift befindlichen Geschichte vom Kloster
    heil. Kreuz unter Meißen, welchem sie incorporirt
    war, ausführlicher gehandelt.
17) Kein Raisonnement von mir, sondern freyes
    Geständniß des zweyten Stifters in seiner unten
                                                    Num.

dem Schloſſe und in der Stadt, wo noch keine Kirche war, [18]) wurden immer mehrere. Der Biſchof ſahe ſich alſo genöthiget, eine ordentliche Pfarrkirche für die Einwohner ſowohl des Schloſſes als
der Stadt zu errichten, und ſie dahin einzupfarren.
Ich nenne das Schloß mit Bedacht zuerſt; denn
von dieſem kann ich es aus der unten beygebrachten
Stiftungsurkunde des bey dieſer Kirche errichteten
Kloſters deutlich beweiſen, nach welcher es deſſen
Stifter bey der alten Einrichtung gelaſſen, daß
nämlich die caſtellani in caſtro marchionis Miſnenſis, qui iam ante fundationem monaſterii ecclefiae
S. Afrae parochiales fuerunt, d. i. die Herren auf
dem Schloſſe des Markgrafen, welche ſchon vor
der Stiftung des Kloſters in die Kirche zu St.
Afra eingepfarrt geweſen waren, ferner dahin eingepfarrt bleiben ſollten. Können wir nicht aus
dieſen Worten die wahre Abſicht des Stifters dieſer Kirche füglich errathen? Ja ſogar nennt uns
jene Urkunde einige von den Caſtellanen oder Schloß-
herren, welche ſchon vor der Errichtung des Kloſters ſich zu dieſer Kirche gehalten haben, nämlich
den Burggraf Meinher, Otten von Seuſeliß, Rüdgern genannt Qwaß, Rüdgern genannt Barck,
Heinrichen von Wartha, und noch andere. Ueber-
dem

Num. 1. beygefügten Urkunde iſt das — und alſo ſehr alt.

18) Erſt Burggraf Herrmann zu Meißen legte die
Stadtkirche in Meißen im Jahr 1150 an, wie
wir unten S. 19 ausführlicher zeigen werden.

dem ist es nicht Vermuthung, sondern gegründete
Gewißheit, daß vor Errichtung der Kirche in der
Stadt auch die Einwohner in derselben zugleich
mit in St. Afra eingepfarrt gewesen sind.   Dieses
ist schon daher erweislich, weil die Stadtkirche von
je her eine Tochter der Kirche zu St. Afra, derselben einverleibt und beständig bis auf die Zeiten
der Reformation mit Mönchen aus dem St. Afrakloster, den Gottesdienst in derselben zu verrichten,
besetzt und versorgt gewesen ist.   Noch deutlicher
erhellet dieses aber aus den beiden Urkunden des
Markgraf Heinrichs und des Bischof Conrads zu
Meißen vom Jahr 1256, ¹⁹) in welchen ganz
deutlich gesagt wird, daß die Bürgerschaft (universitas burgensium Misnensium), die sämtliche Landmiliz und die Bauern (communitas provincialium
militum et rusticorum) zur afranischen Parochie
gehörten.   Man könnte sagen, diese Briefe sind
über zwenhundert Jahr neuer als die Kirche —
das entkräftet meinen Beweis nicht, sondern es
befestiget ihn vielmehr.   Denn wenn die Bürgerschaft der Stadt noch 1256 in St. Afra eingepfarrt war, da sie schon eine Kirche in ihrem Mittel hatte, so muß sie gewiß schon vorher, ehe diese
Kirche war, in St. Afra eingepfarrt gewesen seyn.
Und wie hätte es auch in noch viel spätern Zeiten
einem Probste zu St. Afra, Johann Stonen, ein-
fallen können, zu verlangen, daß die Bürger in
der Stadt ihre Kinder in der Kirche zu St. Afra
taufen

---

19) S. unten Urkundensamml. Num. X. und XI.

taufen laſſen ſollten, wenn er nicht ein altes Recht
darzu vor ſich gehabt hätte? Er gerieth deswegen
freylich mit dem Rathe der Stadt in Streitigkei-
ten, und die Sache ward dem Biſchof Caſpar von
Schönberg zur Entſcheidung vorgetragen. Dieſer
aber, wie deſſen im Rathsarchive noch vorhandene
Originalurkunde vom Jahr 1457 beweiſet, ſprach
für Recht: „daß dy Toufe in der Kyrche zcu Unſer
„liben Frawen in der Stadt Meißen zcu ewigen
„Gezceyten ſalle bleiben, darwider ſall der Probſt
„noch dy Sammnunge zcu St. Affran nimmer ge-
„reden nach dorein halden; doch alſjo daß man do
„allein dy Kynder, dy in der Beſlieſung der Stadt-
„mauern gebohren werden, ſall touffen, und ab
„ymandes uß der Stadt zcu St. Affra ſein Kind
„wellte toufen laßen, deß ſullen dy Burger in kei-
„ne Weyße widdern nachen hindern.“ Es muß
alſo doch vor Alters, ehe die Stadtkirche entſtund,
geſchehen ſeyn, daß die Einwohner in der Stadt
ſich mit dieſen und andern heiligen Handlungen nach
St. Afra gehalten haben, weil der Probſt die alten Rechte wieder gangbar machen wollte, und weil
es der Biſchof den Bürgern frey gelaſſen hat, ob
ſie ihre Kinder in St. Afra oder in ihrer Stadtkirche taufen laſſen wollten.

Aus itzt angeführten Umſtänden läßt ſich leicht
einſehen, daß der Sprengel dieſer Kirche vom Anfang ihrer Gründung an weitläuftig und groß genug
geweſen ſeyn müſſe. Weil dann bey ihrer Errichtung die bisherige Seelenpflege von der Domkirche
weg und hierher verlegt ward, ſo heißt ſie auch des-

wegen

wegen in den unten beygefügten Stiftungsbriefen sowohl, als auch in mehrern und spätern bischöfli=chen Privilegien, ecclesia secundaria ecclesiae cathe-dralis — die nächste und erste nach der Domkirche, welche daher auch eine matrix unsrer afranischen Kirche genennt wird, weil diese aus jener gleichsam geboren, und ihre erste und älteste Tochter war.

§. 10.

War sie der eigentlichen Absicht ihres Stifters gemäß bestimmt, die Pfarrkirche der Stadt Meiß=sen zu seyn, so kann man es wohl ohne Beweis vermuthen, daß sie folglich auch ihre Pfarrer oder ihre Geistlichen, wie wir sprechen, und wie man sie damals nennte, ihre plebanos oder rectores di-vinorum gehabt haben müsse. Welche es, und wie viel ihrer gewesen seyn, ausfündig zu machen, würde eine eben so unnütze und vergebliche Mühe seyn, als wenn man, nach einem alten meißnischen Sprüchworte, die Elbbrücke scheuren wollte. Mir ist bis auf die Zeiten, da das Kloster bey der Kirche errichtet worden ist, und also nun seine eigenen Or=densgeistlichen bekam, kein einziger bekannt. Aber eben daher bin ich auf die gar nicht ungegründete Vermuthung gekommen, daß bis dahin vom ersten Ursprunge dieser Kirche die Verrichtung des Got=tesdienstes in derselben einem oder mehrern Domvi=carien oder Dompfaffen übertragen gewesen seyn möge, und dieses laut des Ausdrucks in der bischöf=lichen Urkunde Num. 1. daß diese Kirche iure epi-scopali ad donationem episcopi Misnensis gehört habe.

habe. Hätten wir von der Verfaſſung der Kleriſey
am Dome zu Meißen in den erſten dreyhundert Jahren deſſelben eben ſo gute und ergiebige Nachrichten,
wie ſie ſich mit dem dreyzehnten Jahrhundert an-
fangen, und in der Folge immer mehr verſtärken;
ſo würden wir vielleicht in den Regiſtern der Domvicarien des eilften und zwölften Jahrhunderts hie
und da einen als einen plebanus ecclefiae St. Afrae
aufgeführt finden. Wir müſſen uns indeſſen begnügen, daß ſich mit genauer Noth noch die Namen der erſten meißniſchen Biſchöfe erhalten haben:
auf die vergeſſenen Namen der älteſten Domherren
und Domprieſter wollen wir gern Verzicht leiſten.
Genug, die Abſicht der von Dittrich I. errichteten
St. Afrakirche macht es gewiß, daß ſie auch ihre
eigenen Prieſter gehabt haben müſſe.

Aber wovon lebten ſie? wovon wurden ſie be-
ſoldet? Ganz nothwendig iſt es, daß der Stifter
der Kirche auch gewiſſe Einkünfte ihr angewieſen
und feſtgeſetzt haben müſſe, wovon ſie und die, welche darinnen arbeiteten, erhalten werden konnten.
Das iſt noch unter allem das richtigſte und beſte,
was Fabricius von dieſer Stiftung geſagt hat, daß
nämlich der Stifter die Kirche ex feudis et prae-
diis aliunde conquiſitis dotirt habe; [20]) ausgenommen, daß er es nicht von dem wahren Stifter, von
Biſchof Dittrich I. ſondern von ſeinem Reiner ſagt,
und wohl auch nur ſagt, weil er ſichs natürlich ſo
hat

20) Hiſtoriar. lib. I. p. 94. lib. III. p. 194.

hat denken müssen, und weil ihn der Irrthum, als sey damals auch schon das Kloster zugleich mit gestiftet worden, auf diesen Einfall geführt hat. Ein Kloster ohne Einkünfte ließ sich nicht denken. Aber eben auch so wenig eine Pfarrkirche ohne Einkünfte. Wir wissen es dagegen aus dem Stiftungsbriefe des bey dieser Kirche nachher errichteten Klosters gewiß, daß sie schon vorher eigenthümlich ihre ihr angewiesenen Grundstücke gehabt, von welchen sie ihre Einkünfte gezogen habe. In diesem Briefe sowohl, als vornehmlich in einem andern, welcher lediglich dahin seine Beziehung hat, [21]) redet der Bischof Dittrich II. ausdrücklich von solchen Besitzungen und Eigenthum der Kirche zu St. Afra, welche sie gegenwärtig, da er seine Klosterstiftung beschrieb, ruhig besitze und inne habe, nämlich zehn Hufen Landes in dem bey Meissen liegenden Dorfe Schletta, neun Hufen Landes in Storkewitz, benebst den Zehnden von den umliegenden Dörfern, Predow, Groß- und Klein-Kagen, Stroischen, Nimtiß, Löbschitz, Pausitz bey Löthayn, Kanewitz oder Kanitz Ober- und Nieder-Jahne, Szedelitz, Pirtotitz, Elettow, und von den Feldern unterhalb des Schlosses Meissen. Alle diese der Kirche schon damals gehörigen Einkünfte können doch wohl von niemanden anders herrühren, als von ihrem Stifter Dittrich dem Ersten.

Man möchte sagen: wer denn auch zu des Bischofs Dittrichs I. Zeiten die Gegend um Meissen schon

ſchon ſo bebaut und ſo dick mit Dörfern beſetzt, daß
er die Zehnden davon ſo reichlich an die Kirche ver-
ſchenken konnte? ſind nicht die meiſten Dörfer in
großer Menge, wie man ſagt, erſt in den Zeiten
der beyden meißniſchen Markgrafen Conrads und
Ottens entſtanden? — Ganz richtig! aber Conrad und Otto haben nicht die Gegend um Meiſſen,
ſondern weiter hinauf nach dem Gebürge zu, ferner
über Dresden hinauf u. ſ. w. urbar und bewohnt
gemacht. Die Namen aller itzt angeführten Dörfer beweiſen es insgeſamt, daß ſie wendiſchen Ur-
ſprungs, und alſo ſchon von den Sorben angebaut
worden ſind. Denn da es gewiß iſt, daß die Sorben ſchon vor den Zeiten der ſächſiſchen Kaiſer in
der hieſigen Gegend ihre befeſtigten Städte gehabt
haben, wie z. E. Lommatzſch und Gana, welche letztere ihre Hauptſtadt war, ſo iſt es auch gewiß, daß
ſie ihre Dörfer gehabt haben. Wovon hätten ſonſt
die Kaiſer, als ſie unter den Sorben chriſtliche Bis-
thümer errichteten, den Biſchöfen ſo reichliche Zehnden anweiſen und geben können? Und was noch
nicht war, das ward in den Stiftungen unter dem
Worte: Novalia, neue Plätze und Ländereyen, oder
Rodeländer, deutlich mit begriffen, wenn etwa dergleichen in dem einer Kirche oder einem Kloſter an-
gewieſenen Bezirk entſtehen ſollten. So nahm nun
Dittrich I. von den zu ſeiner biſchöflichen Stelle gehörigen Gütern und Zehenden etwas, und gab es
der Kirche zu St. Afra, welches, wenn ſie und.
ihre Prieſter beſtehen ſollten, nothwendig war.
Das konnte er aus freyer Macht als Biſchof thun,

und

und dieses um so viel mehr, weil seine gestiftete Kirche eine secundaria seiner Domkirche seyn sollte.
Widersprüche von seinen Domherren hatte er um
so viel weniger zu befürchten, da, wie wir schon
oben erwiesen haben, diese ganze Stiftung zu ihrem eigenen Vortheil und zu ihrer größten Gemäch-
lichkeit geschahe.

§. 11.

Dittrich widmete diese neuerbaute Pfarrkirche
der heiligen Afra. Das Leben dieser berufenen
Frauensperson — denn sie war weder eine Jungfrau noch eine Frau — ist schon von andern Gelehrten, und zum Theil auch sehr ausführlich und
weitläuftig beschrieben worden. [22] Weil sich aber
manche meiner Leser nicht sonderlich um ihre Lebens-
geschichte werden bekümmert haben, und sich auch
wohl nicht die Mühe nehmen möchten, alle unten
angeführten weitläuftigen und auch seltenen Werke
deswegen nachzuschlagen, will ich ihnen nur ganz
kurz das Merkwürdigste davon erzählen. Sie lebte

C 2   zu

---

22) In den Actis Sanctorum mens. August. Tom. II.
oder im XXXVten Bande — in Marci Velseri Opp.
a Christoph. Arnoldo ed. Norimb. 1682 in fol.
daraus es der selige Rector Höre in einem Schul-
programm 1760 kurz zusammengefaßt. Ferner,
in Bernh. Hertfelderi descr. basilicae S. Udalrici
et S. Afrae Augustae Vindel. ib. 1627 in fol. p. 10 f.
36 f. 47 f. 52 f. wo auch ihr Bildniß p. 75. zu sehen
ist — in der Aurea legenda ed. Argentorat. per-
vetusta 1502. in klein fol. Cap. CCIII. u. a. m.

zu Ende des dritten Jahrhunderts. Der Name
ihres Vaters, welcher ein König in Cypern gewesen seyn soll, ist nicht bekannt. Ihre Mutter hieß
Hilaria, welche einen Bruder hatte, dessen Name
Sosimus war. Alle diese drey Personen, Hilaria,
ihr Bruder und ihre Tochter, waren Heiden. Ein
Zufall führte sie in das römische Gebiet, und von
da weiter nach Augspurg. Hier trieb die Mutter samt
der Tochter und noch drey andern Zofen, Eunomia,
Eutropia und Digna heissen sie, öffentlich eine Hu-
renwirthschaft; und unter allen war Afra vorzüglich, was ehedem Lais von Smyrna war. Eine
Verfolgung machte es, daß ein spanischer Bischof
von Gerunda, der Narcissus hieß, flüchtig werden
mußte; und er kam nach Augspurg. Auch ein Zufall führte ihn in das Haus der Hilaria; und der
fromme Mann — bekehrte die Mutter samt der
üppigen Tochter und ihren Gespielinnen. Sie
wurden Christinnen, und entsagten ihrem Huren-
leben auf ewig. Sosimus erhielt in der Taufe den
Namen Dionysius, und ward erster Bischof zu
Augspurg. Nicht lange nach dieser Bekehrungs-
geschichte entstand eine Verfolgung der Christen
auch in Rhätien. Afra blieb standhaft, verleugne-
te den angenommenen christlichen Glauben nicht
wieder, und Gajus, ein römischer Landpfleger, ließ
sie im Jahr 303 lebendig auf einen angezündeten
Scheiterhaufen setzen: aber ihr Körper, obschon
die Flammen die Seele heraustrieben, blieb unver-
brennlich. Sie ward in Augspurg begraben; und
nach mehr als 600 Jahren erst bauete der dasige

Bi-

Bischof Udalrich über den Platz, wo sie begraben lag,
eine Kirche, die er ihr widmete. Einer seiner Nachfolger, Bischof Bruno, ein leiblicher Bruder Kaiser
Heinrichs II oder des Heiligen, legte bey dieser augs-
spurgischen St. Afrakirche im Jahr 1012 ein Kloster
für Benedictinermönche an. Im Jahr 1064 erhob
man die Gebeine der Afra aus ihrem Grabe, und
brachte sie zu öffentlicher Verehrung in eine ansehnli-
che Tumba. Und dieses war die Zeit, da sie anfieng,
allgemeiner bekannt zu werden, [23]) ob sie gleich
schon vorher als eine große Heilige sonderlich in
Augspurg verehret worden war. Ihr Gedächtniß-
tag fällt jährlich auf den 7ten August. — Nach
dem Namen dieser Heiligen hat es nun dem Stifter
beliebt, unsre meißnische Kirche zu benennen. Auch
hierzu mag er seine Ursachen gehabt haben. So
lange die fabrizische Relation, daß Keiner der
Stifter dieser Kirche sey, sich noch im Credit erhielt,
war es nicht schwer, einige Conjecturen ausfündig
zu machen. Der selige Rector Höre, welcher diese Erzählung und alles, was Fabricius von dem
sehr frühzeitigen Wahl- und Sterbejahre des Bischof Keiners gesagt hatte, auf Treu und Glauben
ungeprüft annahm, und beydes mit noch einigen
eignen Zusätzen vermehrte und vermeintlich verbes-
serte, brachte einige Muthmaßungen hervor, was
Keinern bewogen haben könnte, diese Kirche der
Afra zu widmen. Da es aber nun eine ausge-

C 3   machte

23) S. Chron. Augustense in Freheri T. I. S. R. G.
p. 499. ed. Struv. Henfelder l. c. p. 54 l.

machte Sache iſt, daß Reiner der Stifter dieſer
Kirche weder geweſen iſt, noch auch hat ſeyn kön⸗
nen, ſo fallen alle dieſe Muthmaßungen als eitel
hinweg, und man muß diejenigen bedauren, wel⸗
che ſich ſo vergeblich die Köpfe über ein hiſtoriſches
Unding zerbrochen haben. Unter allen kann nur
die einzige dem wahren Stifter Dittrich angemeſſen
werden — er wollte ſeinen Landsleuten die heilige
Afra bekannter machen, und ihre Verehrung auch
hier zu Lande in Schwang bringen. Wie fiel er
aber juſt auf dieſe Heilige? In Sachen, welche mit
vieler Dunkelheit umgeben ſind, iſt es, nach Lu⸗
thers Ausſpruch, einem jeden erlaubt, zu muthmaſ⸗
ſen, ſo viel er mag. Afra mußte unſerm Stifter
vorzüglich bekannt ſeyn. In Schwaben kennte
man ſie damals am beſten. Faſt ſollte ich alſo
glauben, Biſchof Dittrichs Vaterland ſey Schwa⸗
ben, und er vielleicht einer von den edelſten Fami⸗
lien dieſes Landes abſtammend geweſen. Erhoben,
in großen Ruf gebracht war dazumal Afra noch
nicht. Dieſer Zeitpunkt fieng ſich mit ihr allererſt
im Jahre 1064 an. Das Geſchrey von ihr, das
zu Dittrichs Zeiten noch nicht angegangen war, kann
ihn folglich nicht zu dem Gedanken veranlaßt ha⸗
ben, ihr ſeine neue Kirche zu weihen. Aber viel⸗
leicht ſteckt unter dieſer Sache eine tief verſchwiege⸗
ne Gewiſſensrüge und ein ganzes Bündel wollüſti⸗
ger Sünden. Weil Afra aus einer großen Hure
eine große Heilige geworden iſt, ſo hat man ſie in
der römiſchen Kirche von je her als eine mächtige
Fürſprecherinn für alle diejenigen angeſehen, welche
über

über die Ausschweifungen ihres unzüchtig geführten
Lebens endlich Busse thun. Ich will den Bischof
keiner Sünde zeihen, die er vielleicht nie gethan
hat, und die ich nicht wissen kann, wenn er sie auch
gethan hat; denn solche ihm zu beweisen, würde
mir noch schwerer werden, als einem, der schlech=
terdings 70 Zeugen haben muß, wenn er einen
Cardinal des Ehbruchs oder der Hurerey überwei=
sen will. Wir haben auch von den geheimen Le=
bensumständen unsrer ersten meißnischen Bischöfe
nicht einen einzigen Anekdotisten, ausser was Dit=
mar von dem frommen Eido I. erzählt. Bey allem
dem bleibt es doch sehr wahrscheinlich, wie auch der
selige Schöttgen, wenn er von dieser unsrer Stif=
tung geredet hat, beständig behauptete, daß etwas
gar geheimes hinter dieser Widmung stecke. Vie=
le Kirchen= und Klosterstiftungen jener Zeiten sind,
wie man mit vielen Geschichten beweisen könnte,
nichts weiter gewesen, als Vollziehungen der ihren
Stiftern auferlegten Bußen für begangene große
Sünden. Am rühmlichsten wär es doch für unsern
Bischof, wenn wir eben so etwas gewisses von der
Ursache anzeigen könnten, die ihn antrieb, diese
Kirche der Afra zu widmen, wie uns etwas ähn=
liches aus der böhmischen Geschichte von einem Dom=
herrn zu Prag, Johann Milicz, bekannt ist. Die=
ser treue Bekenner der Wahrheit ersuchte den Kai=
ser Karl IV, daß er ihm erlauben möchte, das be=
rüchtigte und unter dem Namen Venedig bekannte
Bordel in Prag zerstören zu dürfen. Der Kaiser
bewilligte ihm solches, und Milicz baute im Jahr

C 4

1372 auf den nämlichen Platz eine Capelle, die er drey ehmals geweſenen großen Huren weihete — der Maria Magdalena — der Maria von Aegypten — und eben der heiligen Afra. Hätte Dittrid) etwas ähnliches ausgeführt, und an die Stelle, wo etwa ehedem ſeine unbeweibten Geiſtlichen einen heimlichen Schlupfwinkel zur Sättigung ihrer Lüſte gehabt hatten, eine Kirche gebaut, und ſie deswegen der Afra gewidmet: ſo wäre das unter allen für ihn die rühmlichſte Urſache. Jedoch was greifen wir in finſtern Irrwegen umher, wo doch kein lichter Ausgang zu finden iſt? vielleicht auch nicht eher entdeckt werden wird, als bis an dem entſcheidenden Tage der Offenbarung aller Dinge.

§. 12.

So umſchweben nun den Urſprung unſrer Afrakirche beynahe undurchdringliche Finſterniſſe. Nichts als der Genius des damaligen rüden und unruhigen Zeitalters, in welches er fällt, iſt Schuld daran. Unter der großen Menge von Geiſtlichen, welche Meißen ſeit der Errichtung des Bisthums bis auf die Zeiten der Reformation in ſeinen Mauren genährt hat, in einer Zeit von 500 Jahren, war nur einer, welcher ſich die Mühe nahm, eine Hiſtorie zu ſchreiben — der Prieſter Siffried von Meißen. Er lebte bis in die erſten zehn Jahre des vierzehnten Jahrhunderts, und ſchrieb, kein Geſchichtbuch von Meißen, ſondern allgemeine Weltgeſchichte. Faſt ganz und gar nichts hat er von den Begebenheiten der Stadt und

des

des Bisthums. Er hatte also keinen Vorgänger, welcher ihm vorgearbeitet und etwas aufgezeichnet hatte, aus dessen Handschriften er so glücklich hätte abschreiben können, wie etwa der Abt Eggihard seine sächsischen Annalen aus Ditmarn und andern alten historischen Schriften.

Die Zeiten selbst, binnen welchen unsre Kirche entstand, waren höchstkriegerisch und unruhig. Bald fiel die polnische, bald die böhmische Nation herein, beraubten und verheerten das Land, nahmen wechselsweise Besitz von der Stadt, und nöthigten verschiedenemal einige der ersten Bischöfe, daß sie samt ihren Domherren flüchtig werden mußten. In einer solchen traurigen Lage hatte die Erndte der Schriftsteller mit der Erndte des Landmannes einerley betrübtes Schicksal. Die Feinde verwüsteten beyde. Hierzu thaten ihnen die von der wendischen Nation, welche immer noch das vermeintliche Joch abzuschütteln gedachten, allen möglichen Vorschub, und sie waren es gemeiniglich, welche, wie Ditmar und der sächsische Annalist bezeugen, jenen Feinden die Stadt oft genug verrätherisch in die Hände spielten. Dürfen wir uns noch wundern, daß wir von der eigentlichen Zeit und von den besondern Umständen dieser alten Stiftung so wenig zuverläßiges wissen? Genug, daß wir doch nun so viel mit Zuverläßigkeit davon wissen, daß uns keine falschen und ersonnenen Nachrichten mehr bey der Wahrheit vorbey führen können.

C 5   §. 13.

§. 13.

Biſchof Dittrich ließ die Kirche auf eben diejeni=
ge Stelle bauen, wo ſie noch jeßo ſteht, auf dem
Berge oder der Anhöhe, dem Schloßberge gegen=
über. [24] Fabricius, welcher in der Lage der Stadt
Meißen mit der Lage der Stadt Rom einige Aehn=
lichkeit gefunden hat, vergleicht unſern afraniſchen
Berg mit jenem capitoliniſchen Berge, und den
Schloßberg mit dem palatiniſchen. Beyde Berge
zu Meißen haben mit jenen römiſchen auch darin=
nen viel ähnliches, daß, ſo wie dieſe von dem Ca=
ligula durch eine marmorne Brücke mit einander
verbunden wurden, alſo auch die unſrigen von dem
Markgraf Heinrich dem Erlauchten durch die Auf=
führung einer ſteinernen Brücke, [25] welche aus
einem einzigen Schwibbogen beſteht, und ein altes
bewundernswürdiges Kunſtſtück der Architektur vor
Augen ſtellt, mit einander in genaue Verbindung
gebracht wurden. In den Zeiten, da unſre Kirche
errichtet ward, war alſo zwiſchen beyden Bergen
immer noch eine weite Kluft befeſtiget, und man
mußte ſich mithin, wenn man auf den einen oder
den andern gehen wollte, allemal ein beſchwerliches
Auf= und Abſteigen gefallen laſſen. Wie mag da
man=

---

24) Ante caſtrum in monte ſita. S. unten Spicil.
Diplom. Num. I.

25) Es iſt alſo ein Fehler, wenn Gaſp. Ens in deli-
ciis Germaniae, ed. Colon. 1609. p. 284. wo er
die Stadt Meißen und die Lage des Afraberges
beſchreibet, dieſe Brücke für hölzern ausgiebt.

mancher fetter Dompriester gekeicht haben, wenn
er vom Domberge herüber nach St. Afra wallfahr-
ten mußte!

§. 14.

Anfangs mag wohl die Afrakirche diejenige
Größe und den weiten Umfang nicht gehabt haben,
welche sie gegenwärtig nun seit beynahe fünfhundert
Jahren hat; denn aus- oder abgebrannt ist sie seit-
tem niemals. . Und gewiß war sie vor den Zeiten
des bey ihr angelegten Klosters viel kleiner und en-
ger, vielleicht auch von geringer und schlechter
Bauart. Denn daß sie der P⬛ſt Leo, welcher
von 1280 bis 1299 in dieser Würde gewesen ist,
vom Grunde heraus neu zu erbauen, zu erweitern
und zu vergrößern, einen guten Anfang gemacht
habe, bezeugt ein Ablaßbrief, welchen er bey dem
Pabst Bonifacius dem achten im Jahre 1297 zu
eifriger Betreibung dieses Kirchenbaues ausgewir-
ket hat. Die von 1296 bis 1315 an einander
fortdauernden Kriegsunruhen in Meißen, bey welchen das Land jämmerlich mitgenommen ward,
mußten nothwendig diesem Bau große und wichtige
Hindernisse in den Weg legen, daher auch der
wackre Leo, dem Afra noch ausser diesem recht sehr
viel zu danken hat, das Ende desselbigen nicht er-
lebte, sondern im Jahr 1299 durch den Tod davon
abgerufen ward. Sein Nachfolger Conrad von
Lipzk oder Leipzig, welcher bis ins Jahr 1317 als
Probst zu St. Afra vorkommt, fuhr eifrig fort,
das angefangne Werk fortzusetzen, und wo möglich

zu vollenden. Er verſchaffte ſich deswegen, nach
der Denkungsart des damaligen Zeitalters, reichli=
chen Ablaß, welchen er auch von zwey Erzbiſchö-
fen zu Magdeburg, Erichen und Burkharden, von
dem Biſchof Ludolff zu Naumburg, von dem Biſchof Heinrich zu Merſeburg, von dem Biſchof
Vollrad zu Halberſtadt, und von dem Biſchof
Heinrich zu Havelberg erhielt. Dieſer ihre Ablaß-
briefe hat der Biſchof zu Meißen, Albert der dritte, im Jahr 1302 nicht nur ſämtlich genehmiget,
ſondern auch dem Probſt zu noch beſſerer Betreibung ſeines Kirchenbaues 1306 ein ganz neues Indult ertheilet. Indeſſen ganz muß er dieſen Bau
doch nicht zu Ende gebracht haben, weil noch ſein
Nachfolger, der Probſt Johann von Hunsperg,
im Jahre 1327 von einem ganz fremden Biſchofe,
deſſen Bisthum ich nicht zu ſuchen weiß, auf der
Inſel Cuba nicht ſuchen kann, weil ſie damals noch
nicht entdeckt war, nämlich von Stephano episcopo
ecclesiae Cubicensis, einen Ablaßbrief zu Vollendung des Kirchenbaues ſich ausgebeten hat, und
Biſchof Wittigo der II. zu Meißen confirmirte ihn.
Um dieſe Zeit erſt, und folglich in einer Zeit von
beynahe dreyßig Jahren, iſt die Kirche zu St. Afra
zu derjenigen Beſchaffenheit gediehen, in welcher
man ſie noch itzt findet. Dieſer Umſtand giebt nicht
undeutlich zu verſtehen, daß dieſe Kirche, ſo wie ſie
von ihrem erſten Stifter angelegt worden war, für
die ſich von Menſchenalter zu Menſchenalter ver-
mehrenden Gemeinden, welche darein eingepfarrt
waren, nicht groß und geraum genug geweſen ſeyn
müſſe,

müsse, weil man sich genöthiget sahe, auf ihre Ver-
größerung und Erweiterung zu denken.

Sie ist von antiquer Bauart, aber lange nicht
so schön, so zierlich und so regelmäßig wie die Domkirche. Fabricius schreibt in seinen meißnischen
Jahrbüchern, daß diese Kirche mit dem dabey angelegten Kloster ehedem ausserhalb den Ringmauern
der Stadt gelegen habe, im Jahr 1285 aber von
dem Burggraf Meinher mit in dieselbige gezogen
und eingeschlossen worden wäre. Allein Fabricius
muß den noch vorhandenen Brief des itztgedachten
Burggrafs [26]) vom Jahr 1284, aus welchem er
dieses geschlossen haben will, entweder nicht recht
angesehen, oder nicht recht verstanden haben. Denn
derselbe beweiset vielmehr, daß Afra von je her innerhalb den Ringmauern der Stadt gestanden habe;
weil der Burggraf erst mit den Klosterherren einen
Vergleich errichtete, und sich von ihnen die Erlaubniß ausbat, daß er die vor Alterthum eingefallenen
Stadtmauern, so weit sie nämlich an dem Gebie-
te ihres Klosters hingeführt waren, wiederum vom
neuen aufbauen dürfte. Und diese ist noch eben
diejenige alte Mauer, welche hinter dem Schlosse
am hohlen Wege herauf hinter den Gebäuden der
nunmehrigen Fürstenschule hingeht, und von da
bis an das Kyrnische Thor u. s. w. reichet. So
war sie vermuthlich schon von dem Erbauer der
Stadt, oder doch bald nach dessen Zeiten von den
erſten

25) S. unten Spicil. Diplom. Num. XIII.

erſten und älteſten Markgrafen angelegt worden.
Würde auch wohl der Biſchof eine Pfarrkirche für
die Stadt auſſerhalb den Mauern der Stadt angelegt haben? Wer mag ſich das einbilden können? —
Werfen wir noch einen Blick auf jene burggräfliche
Urkunde, ſo war zu der Zeit, da ſie abgefaßt worden iſt, das Schlafhaus der Mönche das äußerſte
Gebäude ihres Kloſters, und ſtand dicht an der
Stadtmauer. Denn von der niedern Kloſterpfor-
te, da wo ißo der Eingang in die Schulverwalte-
rey nahe am Lommaßſcher Thor iſt, bis an das
Schlafhaus des Kloſters, wo gegenwärtig der ſo
genannte Renter 27) mit dem daran rührenden Gebäude ſich befindet, bat ſich der Burggraf bedür-
fendenfalls einen freyen Durchgang auf die Stadtmauern aus — jedoch keinen Defenſionsweg in
Kriegszeiten, welches die Mönche verbaten.

§. 15.

Da ich hier der Ordnung und der Deutlichkeit
wegen vieles, das ſich erſt lange nach der erſten
Stiftung dieſer Kirche ereignet hat, mitgenommen
habe, ſo hoffe ich, daß meine Leſer, indem ich ihnen die Zeit der Entſtehung der ißigen Afrakirche
angab, eben ſo begierig einen Abriß von der innern
Be-

---

27) Ein alter Kloſterterminus. Was in den lateiniſchen Urkunden Refectorium heißt, nennen ſie
im Deutſchen Rebinter, Rempter, ſchrecklich von
jenem Worte abgekürzt, und bedeutet ihren Spei-
ſeſaal.

Beschaffenheit derselben vor den Zeiten der Reformation wünschen werden.   Ich gebe ihnen denselben so getreu und so genau, als ich ihn mit Hülfe
meiner Klosterurkunden und des Anniversarien - oder
Todtenbuchs dieses Klosters [28]) mühsam genug ent-
worfen habe.   Auf zween einander parallel gegenüber stehenden Thürmen hiengen vier Glocken.   In
der ältesten Kirche war schon zu des zweyten Probsts,
des Alberts, Zeiten, eine Orgel.   In der vom Probst
Leo angefangenen neuen und um das Jahr 1330
vollendeten itzigen Kirche waren dreyzehn Altäre,
und drey besondre an die Kirche rührende und damit verbundene Capellen.

I.) Die Altäre waren 1) der hohe Altar im
Chor, mit einem vortrefflichen Gemälde ausgeziert,
welcher aber, so wie die übrigen andern, schon längst
abgebrochen und zerstört worden ist.

2) Der St. Thomasaltar, welchen 1266 ein
vormaliger Pfarrer zu Boritz, und nachheriger
Domherr zu Meissen, Conrad von Borutz, ein
in milden Stiftungen ganz unerschöpflicher Mann,
errichtet hat.

3) Der heilige Katharinenaltar, welchen ein
Domvicarius, Mag. Sybotho, 1314 gestiftet und
dotirt hat.

4) Den

---

28) Es steht in Schöttg. et Kreyf. Tom. II. Script.
Rer. Germ. oder deren so genannten Diplomatario.

4) Den Altar der heiligen Agnes ſtiftete und dotirte 1346 der Ritter Heinrich von Schleiniß auf Schleiniß.

5) Den Altar der heiligen Barbara und Margaretha fundirte 1396 Hanß von Reinßperg zu Wackniß, bey welchem derſelbe auch nebſt ſeiner ehelichen Wirthinn begraben liegt.

6) Der Altar des heiligen Eraſmus ſtand am Pfeiler, der Kanzel gegenüber. Deſſen Stifter war Tißmann von Grünrodt auf Borna bey Oſchaß. Die Stiftung geſchahe 1398. Er ſelbſt, ſeine Gemahlinn und verſchiedene andere ſeines Geſchlechts, liegen bey dieſem Altar begraben.

7) Unſrer lieben Frauen Altar im unterſten Chor ſtand beym Haupteingange in die Kirche neben dem Ciborio 29) oder Behältniſſe, in welchem

das

29) Ciborium eſt tegumen corporibus Sanctorum impoſitum. Eſt ædicula ad modum umbraculi aliquot columnis innixa, ad tegendum altare ſeu alicujus Sancti ſepulcrum. So erklärts die Liturg. Gall. ap. Mabillon. lib. I. c. 8. n. 8. und das Gloſſar. in Freheri Tom. I. S. R. G. p. 698. Wer ſich einen vollſtändigen Begriff von der Bedeutung dieſes Worts nach Stifts- und Kloſtergebrauch machen wollte, müßte das beym hohen Altar rechter Hand, wo man in die Sacriſtey geht, ſo künſtlich als ſchön aufgeführte und antique Ciborium in der Domkirche zu Meißen, oder dergleichen in andern Stiftskirchen, in Augenſchein nehmen. In Afra war es meinem Vermuthen nach an der Wand, an welche jetzt die hochadeliche niederjahniſche Betſtube angebaut iſt.

das heilige Sacrament aufbehalten ward. Er ward 1273 consecrirt; man weiß aber nicht, wer ihn gestiftet hat.

8) Der Altar des heiligen Kreuzes, gleich vor dem hohen Chor.

9) Der Altar des heiligen Märtyrers George und der zehntausend Ritter, welcher gleich hinter dem Predigtstuhle gestanden hat, ward von dem Weihbischofe des meißnischen Bisthums, Peter Hellern, Titularbischofe von Cythera, im Jahr 1494 geweiht, und bald darauf von einem Domvicar, Valentin Franken, mit einem schönen Gemälde geziert. Nicht gar weit von diesem befand sich

10) Der Altar der heiligen Kunigunde. Bey dem Eingange in die Schleinitzer Kapelle oder corporis Christi stand

11) Der Altar des heiligen Bartholomäus; nächst welchem sich annoch

12) Der Altar des heiligen Sebastians, und

13) Der Altar der Jungfer Ursel mit ihren eilftausend Jungfrauen befunden haben.

II. An der Kirche zu St. Afra sind auch drey Kapellen an- und eingebaut. Die älteste ist 1) die Kapelle zu Ehren der heiligen Barbara, in dem Kreuzgange, gleich bey dem Eingange in die Kirche. Die Fürstenschüler bedienen sich itzo derselben zu ihrem Speisesaale; und im Kreuzgange kann man noch die zugemauerte Thüre bemerken, welche ehe-

D dem

dem in dieſelbe gegangen iſt. 2) Die Kapelle zu Ehren des heiligen Leichnams Chriſti, oder der Schleinitze, weil nicht nur eine große Anzahl dieſes Geſchlechts in derſelben begraben liegt, ſondern weil ihr Stifter und Erbauer ſelbſt einer von den berühmteſten aus dieſer Familie geweſen iſt, nämlich Hugold von Schleinitz auf Seerhauſen u. ſ. w. der Markgrafen zu Meißen Friedrichs und Wilhelms Oberhofmeiſter und Landrath — ein zu ſeinen Zeiten wahrhaftig großer, gelehrter, frommer und ſehr reicher gewaltiger Mann. Er ſtiftete ſie 1408, ſtarb 1422, und ward in dieſer Kapelle mit großer Pracht begraben. Beym Eingange in dieſelbe rechter Hand ſteht an der Wand ſein ſteinernes Grabmal, und über ſeinem Bildniſſe lieſt man auf einem meßingernen Täflein dieſe Schrift: In vigilia Joh. ante port. lat. quinta die menſis Maji anno Dom. Mo. CCCCo. XXIIo. obiit ſtrenuus miles Hugoldus de Schlynicz, amator pacis et veritatis, fundator huj. capelle et turrium â ſiniſtr. templi cathedralis, cujus anima ſit in loco viventium et requieſcat in pace O. P. E. (orate pro eo) — In der nämlichen Kapelle ſtund ein der heiligen Anna geweihter Altar. Bey andrer Gelegenheit hoffe ich von dieſer merkwürdigen Kapelle ausführlicher handeln zu können.

3) Die Kapelle des heiligen Erzengel Michaels iſt zu Ausgang des vierzehnten Jahrhunderts von den Herren von Taubenheim geſtiftet worden. Sie liegt gerade vor der Sacriſtey, und man geht durch ſie hinweg, wenn man heraus nach dem Gange hinter

ter der Kanzel will. Der Herzoge zu Sachsen,
Ernsts und Alberts, Hofmeister, Haugk von Taubenheym, ließ solche 1463 ausmalen, und stiftete
für sich und seine Aeltern, Hugolden und Abelheid
von Taubenheym, desgleichen für seine Frau und
ihre Aeltern, Ulrichen und Abelheid von Sack, auf
dem in derselben befindlich gewesenen Altar der Em-
pfängniß Mariä Seelmessen und Anniversarien.
Es liegen auch verschiedene dieses Geschlechts und
alle jetztgenannte Personen allda begraben.

§. 16.

Von der Zeit an, da diese Kirche gestiftet worden, bis auf das Jahr, in welchem bey derselben
das Kloster angelegt worden ist, und also in einer
Folge von ungefehr 160 Jahren, findet man in
keinem einzigen alten Geschichtbuche, auch in keinem Diplom, ihrer nur mit einer Sylbe gedacht, und
noch weniger irgend etwas merkwürdiges von ihr
aufgezeichnet. Der bekannte Iccander oder Johann Christian Crell sagt zwar in seiner kurzen Geschichte von Meißen S. 49, daß im Jahr 1105 der
Kaiser Heinrich der vierte und Markgraf Heinrich
der Aeltere von Meißen von dem Graf Wiprecht
zu Groitzsch, welcher damals die Markgrafschaft
zu Meißen gehabt habe, in dem Kloster St. Afra
gar herrlich bewirthet worden wären: er vergißt
aber seinen Währmann anzugeben, von dem er
dieses hat, und er wird ihn auch anzugeben schuldig bleiben, weil ausser ihm keiner, weder unter

D 2 den

den alten noch neuen Geſchichtſchreibern, von bie=
ſer Sache etwas gedacht hat.   Und wie hätte auch
da eine Bewirthung ſo hoher Gäſte geſchehen kön=
nen, wo noch gar kein Kloſter exiſtirte?   In der
Kirche wird doch wohl kein feſtlicher Schmauß ge=
geben worden ſeyn.   Und wäre was an der ganzen
Sache, ſo hatte Graf Wiprecht in ſeinem Schloſ=
ſe Plaß und Gelegenheit genug dazu.   Wir ha=
ben immittelſt daran zur Genüge, daß wir es ge=
wiß wiſſen, die St. Afrakirche habe an die 160
Jahr eher als das Kloſter, und auch gewiß
30 Jahr eher geſtanden, als uns Fabricius ihre
Stiftung und Vollendung angiebt, und Biſchof
Reiner war weder ihr Stifter, noch derjenige, der
ſie als ein angefangnes Werk eines andern hätte
vollenden können.

Zwote

✿✦✿✦✿✦✿✦✿✦~✦✿✦✿✦✿✦✿✦✿

Zwote Abtheilung.

Von dem bey der Kirche St. Afra errichteten Kloster.

§. 17.

Aus den sehr dunkeln kommen wir nun allmählig in lichtere Zeiten, in welchen wir schon mehrere und zuverläßigere Zeugnisse von der innern und äussern Verfassung des Ortes finden, welchen wir beschreiben, und welche wir auch bereits einestheils genutzt haben. (§. 14. 15.) Im Jahr 1205 war es, wie es der unten vorkommende Stiftungsbrief Nr. 1, bezeuget, in welchem der Bischof zu Meißen, Dittrich oder Theodoricus II. ein Herr von Kittlitz, bey der Kirche zu St. Afra ein Kloster stiftete. Er sagt dieses selbst mit klaren Worten; und hieraus erhellet, was wir vorhin bewiesen haben, daß nämlich die Kirche eher da gewesen sey als das Kloster, und daß also, es mag es vormals in die Welt hineingeschrieben haben wer da will, vorher niemals, und noch weniger von der ersten Stiftung der Kirche her ein Kloster zugleich mit und bey derselben angelegt worden sey. Es mag seyn, daß Bischof Dittrich II. schon einige Zeit vorher den Anschlag darauf gemacht haben mag: aber völlig ungegründet ist es doch, wenn Jacob Fabricius aus seines

Vaters

Vaters Papieren schreibt, daß gedachter **Bischof**
schon 1190 die Einkünfte des Klosters St. Afra
vermehrt und verbessert habe. ³⁰) Denn wo war
das Kloster, dem er diese Wohlthat hätte erweisen
können? Wollte er es nicht allererst anlegen?

§. 18.

Als die Gebäude seines neuen Klosters aufge-
führet, und nun in dem vorhin angezeigten Jahre
so weit zu Stande gekommen waren, daß sie bewohnt werden konnten: so besetzte es Dittrich mit
Canonicis regularibus secundum regulam R. Augustini, oder wie sie in den spätern deutschen Urkunden heissen, geregelte Chorherrn — Regeler Chorherrn Ordens St. Augustini. ³¹) Er sagt wiederum wörtlich und ausdrücklich in allen vieren sich
auf dieses Institut beziehenden Urkunden, dieses
sey

30) S. Orig. Saxon. Lib. VIII. p. 97.
31) Will man von der Beschaffenheit dieses in der
That sehr edeln Ordens mehrere Nachricht haben,
so kann man sie gutentheils sich aus des P. He-
lyots Histoire des Ordres Monastiques, T. II. noch
besser aber aus Raymundi Duellii T. I. Miscella-
neorum bekannt genug machen. Pabst Innocentius II. hat diesen Orden in einer Bulle, welche
in des havelbergischen Bischofs Anselmi lib. de
Ord. canonic. regular. c. XXV. in P. Bernh. Pezii
T. IV. thesauri Anecdot. noviss. P. II. p. 99. steht,
sehr herausgestrichen, und man sieht daraus, daß
er in den damaligen Zeiten einer der angesehen-
sten gewesen seyn müsse.

sey seine Einrichtung, sein Werk, eine neue Plantation, welche er neuerlich selbst angelegt; ein Orden (religio), welchen er ganz von neuem hier in Meißen eingeführt habe. Abermals ein unumstößlicher Beweis, daß vorher bey dieser Kirche kein Kloster gestanden habe, wie uns doch Fabricius, Albinus und Faust eine lange Zeit daher zugesichert haben. Satyre kann es wohl nicht seyn, sondern Mißverstand ist es, wenn der vorhin angeführte Jacob Fabricius die Chorherren unsers Klosters Irregulares nennt. Ein sichres Merkmal, daß er nicht eine einzige von den Klosterurkunden angesehen haben müsse, sonst würde er gleich auf der ersten oder zweyten Zeile einer jeglichen das Wort Regularis oder Regeler gefunden haben. Unfehlbar hat diese Nachricht D. Schreitern in seiner Predigt, welcher er den seltsamen Titel: Meißnischer Hauptthurm, gegeben hat, S. 69 zu diesem nämlichen Irrthum verholfen, daß er unsre geregelten Chorherren für Irregulaire ausgiebt, und überhaupt von ihnen nicht nur eine ganz unrichtige Vorstellung macht, sondern das alte unharmonische Stückchen mit allen seinen irregulairen Dissonanzen frischweg ableyert — schon B. Reiner habe 1060 diese Mönche in das Kloster zu St. Afra eingeführt. Eben so unrichtig ist es aber auch, was mein ehrlicher Freund, M. Köchly, bey der ersten Bekanntmachung des Stiftungsbriefes [32]) gesagt hat, daß die Mönche zu St. Afra Augusti-

D 4　　　　　　　　　ner-

[32]) S. Neue Beytr. A. u. N. theol. Sach. 1760. p. 374.

nereremlten geweſen wären. Das waren ſie nicht,
und dieſer ihr Orden iſt von jenem ganz unterſchie-
ben. 33)

Die erſten Mönche, welchen der Stifter das
neue Kloſter eingab, waren eine Colonie aus dem
Kloſter von dem Lauterberge bey Halle, und dieſer
ihr Stammort war das Kloſter Raitenpug in
Bayern, von da ſie der Stifter des Lauterbergiſchen
Kloſters, der Erzbiſchof Adelgot zu Magdeburg,
im Jahr 1116 holete. 34) Derjenige, welchem
der Biſchof Dittrich II. in dieſer ſeiner neuen Plantation die Würde des Probſts zuerkannte, hieß
Gozwinus. Das war der Name des allererſten
Probſts zu St. Afra. Ein ſchöner Name! Gozwin heißt ſo viel als Gottes Freund. 35) War ers
wirk-

33) S. Rivii Puritani f. Lauterbachii Hiſt. Monaſt.
    Occid. T. I p. 1—130.
34) S. Bopſen allgem. hiſtor. Mag. 1 Th. S. 324.
35) Von Got und Win. Win heißt in der alt-
    deutſchen Sprache Freund. Daher findet man
    in Willerams uralter deutſcher Ueberſetzung des
    hohen Liedes den Ausdruck: mein Freund, alle
    mal ſo überſetzt: mine wine. S. Revii Hiſtor.
    Daventr. libr. I. p. 10. Omnia nomina in Win
    ſunt germanica, macht Luther in ſeiner Etymolo-
    gia Nom. propr. Germ. c. VI. zu einer richtigen
    Hauptregel: aber die Auslegung und Ableitung,
    die er zur Erläuterung dieſer Regel eben von dem
    Namen Gozwin giebt, iſt erzwungen und beyna-
    he geſpielt. Man leſe ſie ſelbſt nach, hier nähme
    ſie zu viel Platz weg.

wirklich, so verdient er es doppelt, daß sein Ge=
dächtniß im Segen bleibe. Als Zeuge wird er in
des Bischof Dittrichs II. Urkunde über die neue
Stiftung eines Hospitals zu Dörschniß vom 24 Sep=
tember 1206 mit aufgeführt — ist in der Ord=
nung der zweyte, und steht gleich nach dem Probst
zu Zschillen, ißt Wechselburg, vor und über den
Domherren zu Meißen, Stiftherren zu Wurzen,
Priestern und Adelichen. 36) Im Jahr 1222 starb
D 5   Goß=

36) In Schöttgens Opuscul. Histor. p. 96. wird sich
auf Markgraf Dittrichs zu Meißen Urkunde über
eben diese Stiftung vom 19 Sept. 1206 bezogen.
Der Markgraf nennt den Stifter dieses neuen
Hospitals, Conrad Spanseil, seinen Minister
(ministerialis). Aus dieser Stiftung entstand ums
Jahr 1233 ein Benedictiner Nonnenkloster, wel=
ches etwa um das Jahr 1250 nach Sißenrode
verlegt worden ist. Herr Pastor Seyfarth will
diese Verlegung in seiner diplomatischen Nachr.
von Kl. Sißenroda S. 8 u. f läugnen, und für
ungegründet ausgeben: allein es ist noch von dem
Bischof Wittigo I. zu Meißen ein Brief vom Jahr
1287 vorhanden, darinnen ganz deutlich diese
Worte stehen: Dictum vero censum dedit domina
Gepa monialibus in Derseniez in prima fundatione clauftri, quod clauftrum poftea translatum eft
in Sitzenrode. Dieß bezeugt also ein Mann, wel=
cher zu der Zeit, da diese Verlegung geschehen ist,
gelebt hat. Und man sehe nur genau auf die mit
vielem Fleiß von dem Herrn Pastor gesammelten
Nachrichten des Klosters Sißenrode — Wo fan=
gen sie an ergiebig zu werden? wo, dieses Klo=
sters mit Namen zu gedenken? — Gerade um die
Zeit, da jene Verlegung geschehen seyn muß, nach
                                              dem

Gozwin, und an ſeine Stelle kam Albert, welcher
bisher im Kloſter Lautersberg ein Canonicus geweſen war. 37) Er war der erſte Probſt, welcher
von dem Convente des Kloſters der Stiftung gemäß erwählt ward. Biſchof Dittrich hatte nämlich den Ordensperſonen die Freyheit ertheilt, ſich
ihren Probſt bedürfenden Falls entweder aus ihrem
eigenen Mittel, oder aus einem andern Kloſter
ihres Ordens zu erwählen. Und wenn dieſes geſchehen war, ſo ward der erwählte Probſt dem Biſchof zu Meißen präſentirt, welcher ihn inveſtirte,
und nach vorher ihm geleiſteten Eide die Wahl beſtätigte. Wenn dieſer Probſt, dem Willen des
Stifters zufolge, an den Feſttagen des Evangeliſten
Johannes und des heiligen Donats, desgleichen an
dem Kirchweihfeſte, wie auch bey den ſolennen
Exequien der verſtorbenen Domherren oder andern
Solennitäten in der Domkirche perſönlich zugegen
ſeyn, und dem Biſchofe aſſiſtiren mußte, hatte er
den Rang über alle Domherren, und ſaß im Chor
dem

dem Jahre 1250. Kurz, es hat mit der Kirche
zu Sitzenrode eben dieſelbe Beſchaffenheit, wie
mit unſrer Afrakirche und vielen andern: ſie war
eher geſtiftet, als das Kloſter.
37) S. Chron. mont. ſeren. in Menck. T. II. S. R.
G. p. 266. — Zu dieſes Probſts Zeiten viſitirte auch
der Cardinal Biſchof zu Portua E. Graf von Bra-
dengo, päbſtlicher Legat, am 12 und 13ten Octo-
ber 1225 das Kloſter zu St. Afra, davon ich aber
hier weiter nichts ſagen kann, ſondern auf das angeführte Chron. mont. ſeren. p. 299. verweiſe.

dem Domdechant zur Seite. Die Conventsherren
des Klosters aber hatten ihre Stelle sowohl im Chor
des Doms, als auch bey öffentlichen Proceßionen,
gleich nach den Domherren, über den Domvicarien.
Diese Einrichtung hatte der Stifter selbst beliebt,
und zwar nach der Weise der Verfassung im Kloster St. Mauritius zu Naumburg. 38) Die Urkunde, welche dieses bezeugt, betrifft meines Erach-
tens lediglich die Wahl, die Pflichten und die Einkünfte des Probstes.

§. 19.

Die alten Einkünfte der Kirche waren freylich
nicht hinlänglich, ein Kloster eines so angesehenen
Ordens zu erhalten; der Bischof gab ihm also ganz
neue Anweisungen auf gar beträchtliche Getraidezin-
sen und Zehenden aus verschiedenen Dörfern seines
bischöflichen Sprengels. Da viele Namen dieser
Dörfer so veraltet sind, daß es schwer zu errathen
ist, wo sie gelegen haben, ob sie noch da sind, oder
etwa neue Namen angenommen haben mögen; und
da auch in der Folge der Zeit sich hiermit merkliche
Veränderungen zugetragen haben: so will ich mich
und meine Leser mit einem besondern Verzeichnisse
derselben hier nicht ermüden; begehrt man aber
mehr Nachricht, so wird man aus den im Anhange
befindlichen vier ersten Urkunden sein Verlangen genugsam befriedigen können. Von der Zeit der
Stif-

38) S. unt. Spicil. Diplom. Num. III. vergl. mit I. u. II.

Stiftung an bis auf die Zeiten der Reformation haben sich die Einkünfte dieses Klosters, richtig gerech-
net, von zehn zu zehn Jahren beständig und ansehnlich vermehrt. Die Landesherren, die Bischöfe und ihre Domherren, die Domvicarien, die reich-
sten und vornehmsten vom Adel unsers Landes, sonderlich aber die Herren von Schleiniß, von Grünrodt und von Taubenheym, auch die reichen und
angesehenen unter den Bürgerlichen, und unter diesen recht viele Senatoren und Bürger der Stadt
Meißen, haben an dieses Kloster sehr schöne und
reichliche Stiftungen und Vermächtnisse gemacht;
so daß die erste Gabe des Stifters in der That nur
ein paar Hände voll gegen dieses alles zu seyn schei-
net. Damit es aber nicht das Ansehen habe, als
achteten wir es nicht der Mühe werth, das von ihm
dem Kloster zugewendete Eigenthum ausführlich
zu erzählen, so will ich aus dessen Stiftungsbriefe
nur dreyerley anführen, welches unsre Bemerkung,
wie ich glaube, verdienet.

§. 20.

Dittrich II. gab der Kirche zu St. Afra den
Rang sogleich nach der Domkirche, und deswegen
hieß sie ecclesia secundaria. Eben so nennt sie Bischof Johann II. von Genzenstein, nachmaliger
Erzbischof zu Prag, und zuletzt Cardinal zu Rom
und Patriarch von Alexandrien, in einem Privilegium vom Jahr 1376 eine ecclesiam secundariam cathedralis ecclesiae Misnensis, juxta primae-
vam institutionem episcopalis fundationis. Auf

r   gleichen

gleichen Schlag redete Bischof Thymo, in dessen
schon oben angeführten beiden Urkunden. Der bekannte Domherr zu Meißen, D. Hieronymus Em-
ser, führt sie in seinem Verzeichnisse einiger Wunder des Bischofs Benno sogar als eine Collegiat-
kirche des meißnischen Doms auf. Und ich dächte, dieses wären Beweise genug für ihre Würde,
und daß sie noch heut zu Tage nichts weniger ver-
diene, als sie für eine Bauernkirche auszuschreyen.
Wir haben bereits oben wahrgenommen, daß schon
in den alterältesten Zeiten vor den Stiftern aus
guter Absicht, nebst Edeln, Vornehmen, Gewal-
tigen, Rittern und Mannhaften, auch Bauern
aus der umliegenden Provinz dahin eingepfarrt
worden sind, und daß es also nicht erst, wie man
sich einbildet, bey der Reformation geschehen sey.
Kann dieses auch wohl jemandem ein Recht geben,
eine Kirche der Christen deswegen zu verachten?
Hier, sagt der Apostel, ist kein Knecht noch Freyer —
sie sind allzumal einer in Christo. Ob nun schon
unsre Afrakirche seit ihrer ersten Gründung eine
Pfarrkirche gewesen war, so muß man doch sagen,
daß ihr zweyter Stifter ihre Rechte ungemein verstärkt, noch mehrere Personen dahin eingepfarrt,
und sie wirklich zu einer Hauptpfarrkirche der
Stadt Meißen erhoben habe, wobey er auch festge-
setzt hat, daß forthin alle und jede Einwohner auf
dem Schlosse, sowohl die unter dem bischöflichen
Schutze, als auch die unter der markgräflichen
Gerichtsbarkeit, mit der Seelenpflege dahin gehören sollten. Es waren zwar, wie es der Stiftungsbrief

brief deutlich ſagt, bereits vor der Errichtung des
Kloſters viele vornehme Herrſchaften auf dem
Schloſſe (caſtellani) und der Burggraf mit ſeiner
Suite in dieſe Kirche eingepfarrt; jedoch hat es
das Anſehen, als müßten die von der markgräflichen Hofſuite, die Militarperſonen oder die Schloß-
beſatzung, nebſt den Domeſtiquen der Domherren
ſich vor Errichtung des Kloſters annoch zur Domkirche gehalten haben. Weil nun der gute Biſchof,
wie er ohne alle Zurückhaltung ſelber ſagt, ſeine Domherren und ihre Vicarien mit der Seelenpflege fer-
nerhin nicht fatigirt wiſſen wollte, ſo wurden von
nun auch die markgräflichen Hofbedienten, die Mi-
lizperſonen des Schloſſes ſamt ihren Familien und
die ſämtlichen Leute der Domherren ſelbſt angewieſen, daß ſie mit dem Gebrauch der Sacramente,
mit dem Gottesdienſt, mit dem Begräbniß und
mit andern zur Seelenpflege gehörigen Handlungen
unmittelbar zur Kirche St. Afra gehören, und
dahin ſich halten ſollten. Da Biſchof Dittrich hier
nichts von dem gedenkt, was doch Markgraf Heinrich und der Biſchof Conrad in ihren Briefen vom
Jahr 1256, wie wir weiter oben angeführt haben,
ſo deutlich als eine bekannte Sache bezeugen, daß
nämlich auch die ganze Bürgerſchaft der Stadt,
die Stadt- und Landmiliz und die Bauern aus den
umliegenden Dörfern in St. Afra eingepfarrt geweſen wären, ſo folgt aus jenem Stillſchweigen
nichts weniger als das Gegentheil, ſondern vielmehr, daß itzt genannte Communen nirgend anders
eingepfarrt geweſen ſeyn können, weil bey Errich-

tung

tung der Afrakirche innerhalb der Stadtmauer noch
keine andere Kirche da gewesen, und weil Dittrich I. sie ganz unfehlbar in dieser Absicht angelegt
hatte; welches dann Dittrich II. bey seiner Klosterstiftung als eine bekannte Sache übergangen, und
nur diejenigen Acceßionen, welche lediglich von seiner Mildigkeit herrührten, und folglich etwas ganz
Neues waren, umständlich und ausführlich beschrieben hat.

§. 21.

Zu diesen neuen Vermehrungen müssen wir
weiter auf diese rechnen, daß bey der Stiftung des
Klosters der Kirche zu St. Afra die Kirche zu Uns.
lieben Frauen in der Stadt Meißen mit allen ihren
Nutz- und Zugehörungen einverleibt worden ist, 39)
welche Incorporation der unmittelbare Nachfolger
des Stifters, Bischof Bruno II. im Jahr 1213
nochmals bestätiget hat. 40) Diese Kirche in der
Stadt ward anfangs blos als Capelle beschrieben,
und es ist unstreitig eben diejenige, welche nachher
mit einer andern Capelle, welche in dem burggräf-
lichmeißnischen Schlosse stand, und hernach der
Fürstencapelle am Dom incorporirt ward, ver-
wechselt worden ist. Ihr Stifter war der Burggraf Herrmann, ein Graf von Wolfeswarth aus
dem Fürstenthum Coburg, 41) das der Stadt
Meißen

39) S. unten Spicil. Diplom. Num. I. IV. VII.
40) S. ebendas. Num. VII.
41) Diesen Namen hat uns eine Urkunde des Bischofs Herold zu Würzburg vom Jahr 1171 über
das

Meißen vorgeſetzte Oberhaupt, welcher dieſe Capelle auch mit hinlänglichen Einkünften verſahe.
Der Biſchof Albert der erſte zu Meißen hat ſie im
Jahr 1150 zu Ehren der heiligen Dreyeinigkeit,
der heiligen Jungfrau Maria und dem heiligen Bekenner Aegidius eingeweiht, und Markgraf Conrad zu Meißen hat dieſe ganze Stiftung beſtäti-
get. 42) Sie ſtand, wie es dieſer itztangeführte
markgräfliche Brief angiebt, in, oder richtiger an
der Curie ihres Stifters (in curia praefecti urbis
Miſnenſis), und nach der Beſchreibung beider bi-
ſchöflicher Urkunden Num. I. IV. VII. am Markte
der Stadt, wo ſie noch itzo ſteht. Ob ich ſchon
weiß, daß das Wort curia in jenem markgräflichen
Briefe eigentlich kein Rathhaus bedeuten kann, ſo
habe ich doch nicht ganz ungegründete Urſachen vor
mir zu glauben, daß eben aus dieſer curia der erſten
und älteſten praefectorum urbis Miſnenſis hernach-
mals das alte ehmalige Rathhaus der Stadt Meißen entſtanden ſey, welches nach alter Weiſe dichte
bey der Kirche geſtanden hat, 43) da, wo ſich nun-
mehr

das von unſers Herrmanns Bruder, Graf Ster-
chern, und deſſen Bruders Sohne, Herrmannen,
geſtiftete Kloſter Münchröthen im Coburgiſchen
entdeckt. S. A. und N. theol Sachen 1727. S. 1047.
42) S. Schöttgens diplom. Nachleſe B. II. S. 393.
Deſſen Conradus Illuſtris p. 312. Calles Ser. Epiſc.
Miſn. p. 126.
43) Fabricius in Annal. Miſn. p. 156. und Fauſt im
Geſchichtbuch der Stadt Meißen S. 40. melden,
daß das neue Rathhaus, ſo wie es noch itzo ſteht,
1479 zu Stande gekommen ſey.

mehr die beiden Schumann-und Koberischen Häu-
ser an der Ecke nach dem Frauenstege 44) zu be-
finden. Ich habe den Stifter dieser Kirche, Herrmannen, vorhin mit gutem Bedacht, nach der latei-
nischen Originalbeschreibung seiner Würde, lieber
ein Oberhaupt, einen Vorgesetzten der Stadt Meißen, als überhaupt nur Burggraf genennt. Denn
ich glaube immer, daß in dem Titel praefectus urbis Misnensis oder de Misna etwas ganz Eignes
und Bedeutendes liege. Denn damals wußte man
noch nichts von der Titulomanie oder der Titelsucht.
Ich weiß aber nicht, wie es gekommen ist, daß noch
keiner unserer großen Geschichtsforscher recht auf
diesen Titel aufmerksam gewesen ist, sondern immer
einer dem andern nach denselben durch das freylich
bekanntere Wort Burggraf verdeutscht hat; da es
doch ganz augenscheinlich ist, daß erst späterhin aus
diesen praefectis die Burggrafen entstanden sind.
Nicht nur unser Herrmann, sondern noch zween
seiner ältern Vorfahren in dieser Würde, werden allemal als praefecti civitatis Misnensis charakteri-
sirt, nämlich Burkhard I. und Burkhard II. jener
1060, dieser 1117. Ja in den unten vorkom-
menden Urkunden Num. I. IV. und XIII. heißen
Meinher I. im Jahr 1205 und Meinher II. im
Jahr 1284 immer noch praefecti civitatis Misnensis.

44) Dieses Stegs gedenket schon 1289 Probst Leo
in einer Urkunde: curia — a finistris, ubi itur
per vicum ad civitatem versus dominam nostram
Parochiam civitatis.

E

fis. Schöttgen [45] hält dieſe praefectos für kaiſer-
liche Commendanten der Stadt Meißen. Ich aber
halte ſie für keine andere, als für diejenigen, an deren Stelle hernach im dreyzehnten Jahrhunderte
die Burgimagiſtri oder die Magiſtri civium, deutſch
Burgermeiſter, hervortreten; kurz, für die anfäng-
lich von den Kaiſern, und hernach von den erblich
gewordenen Markgrafen zu Meißen, der Stadt
und deren geſammten Bürgerſchaft vorgeſetzten
Oberhäupter. Dieſemnach gehörte ihre Function
nicht zu den Militar- ſondern zu den Civilfunctio-
nen. Der praefectus urbis hatte ſeinen advocatum
neben ſich. Wie verſchiedentlich wird nicht in den
markgräflich- und biſchöflich- meißniſchen Urkunden
dieſes Jahrhunderts ein Prebizlaus advocatus de
Miſna genennt? und deſſen Amt, was war es wohl anders, als was itzo das Stadtrichteramt iſt, und
was in einer meißniſchen Rathsurkunde vom Jahr
1332 der ſcultetus urbis bedeutet? Da ich aber dieſes an einem andern Orte umſtändlicher auszuführen geſonnen bin, will ich hier nur kurz die vor-
nehmſten Gründe für dieſe meine Meinung angeben. Vor Anfange des dreyzehnten Jahrhunderts
findet ſich in der Stadt Meißen kein Rathscolle-
gium nach itziger Verfaſſung; man hatte keine Bür-
germeiſter, keine Rathsherren. [46] Ich will es
nicht

---

45) Conr. Illuſtr. p. 140. und anderwärts.

46) Deß der praefectus Miſnenſis noch 1284 mit
der Bürgerſchaft (univerſitate burgenſium) in gar
genauer Verbindung geſtanden habe, zeigt das unten

nicht in Abrede seyn, daß dergleichen Einrichtung
schon zu Ottens des Reichen Zeiten gemacht worden
seyn könne: aber zu Conrads Zeiten war solche noch
nicht da. Wahrscheinlicherweise rührt sie wohl von
Heinrichen dem Erlauchten her, diesem großen Ver-
besserer des Policeywesens seiner Lande, welcher sie
nach dem Muster andrer berühmten Städte Deutsch-
lands auch in seinen Städten eingeführt haben
mag. Aber bis jetzo ist mir keine ältere Rathsurkunde als vom Jahr 1332 bekannt, welche sich so
anhebt: Theodoricus magister civium, consules et
universitas civitatis Misnensis. Die Frage fällt
ganz natürlich: unter wessen Aufsicht war vor dieser Einrichtung die gesammte Bürgerschaft? wer
und welcher war ihr Oberhaupt? Und die gründlich-
ste Antwort ist gewiß diese: der praefectus urbis
muß ihr Oberhaupt gewesen seyn, unter dessen Aufsicht sie gestanden hat. Eine gute Erklärung hier-
über giebt auch das erste und älteste Stadtsiegel der
Stadt Meißen. In demselben steht unter einem
mit vier Thürmen besetzten und auf zwo Säulen
ruhenden Vermach), welches einem Thore ganz ähn-
lich sieht, ein aufrechts stehender Mann in antiquer
Tracht, mit bloßem Haupte, an der linken Seite
einen kurzen, aber etwas breiten Degen tragend, übrigens aber ohne alle Merkmale einer rittermäßigen
Rüstung — kurz ein Vir togatus — welcher in der
rechten Hand das Schild mit dem markgräfl. meiß-

E 2   nischen

ten angeführte Document Num. XIII. gleich zu
Anfange ganz unwiderleglich.

niſchen Löwen, und in der linken das Schild mit
den burggräflich-meißniſchen übers Kreuz gelegten
Balken empor hält. Dieſes letztere Schild iſt zu
Churfürſt Friedrichs I. Zeiten, da der letzte Burggraf zu Meißen 1426 ohne männliche Erben in
der Schlacht bey Außig ums Leben kam, und das
Burggrafthum Meißen dem Hauſe Sachſen an-
heim fiel, [47] aus dem Stadtwappen herausgenom-
men, das alte Siegel gar abgeſchafft, und ihr von
gedachtem Churfürſten ein ganz neues Wappen und
Siegel verliehen worden, deſſen ſie ſich noch bis jetzo bedient. Hätten die älteſten praefecti urbis,
aus denen eben die Burggravii allmählig entſtanden
ſind, nichts mit dem Stadtregimente zu ſchaffen
gehabt, ihr Geſchlechtswappen würde gewiß nicht
in das Stadtſiegel geſetzt worden ſeyn. Ich bin alſo feſt überführt, daß aus den erſten praefectis de
Miſna, die auch von den alten Geſchicht-und Di-
plomenſchreibern zuweilen Comites urbis genennt
werden, die Burggrafen zu Meißen eigentlich ihren
Urſprung genommen haben. So habe ich auch be-
merkt, daß erſt zu Ende des Jahrhunderts, in
welchem Herrmann lebte, der Titel, Burggraf zu
Meißen, gemeiner und bekannter zu werden anfängt.
Nach dieſer Anmerkung läßt ſich recht leicht und ohne alle künſtliche Wendung erklären, wer der Ocerus, welchen Ditmar [48] einen Herrn der Stadt
Meißen (dominum urbis Miſn.) nennt, geweſen
ſey,

47) Kreyß. Beytr. 2 B. S. 456 f.
48) Chron. lib. V. ed. Mader. p. 108.

sey, und was seine Herrschaft oder Function eigentlich zu bedeuten gehabt habe. Schöttgen 49) glaub-
te, dieses sey ganz unerklärlich, und der Name
Ocerus müsse verschrieben seyn. Herr Friedrich
von Braun, welcher uns unlängst eine ganz für-
treffliche Geschichte von den ersten und ältesten
Markgrafen zu Meißen geliefert hat, 50) wünschte,
daß der Schreibefehler in dem Namen liegen möchte, hielt es auch für möglich, vermuthete, daß statt
dessen der Name des Bischofs zu Meißen gestanden
haben könne, und bemühete sich aus den Glossarien
des mittlern Zeitalters darzuthun, daß die Bischöfe
einstweilen von der Stadt ihres Bisthums domini
urbis genennt worden wären. Mir dünkt aber, in
dieser Stelle des Ditmars ist alles richtig und
nichts verschrieben. Der Name Ozer ist ein guter
alter deutscher oder fränkischer Name, 51) und exi-
stirt vielleicht noch in dem Namen Oeser. Stelle
ich mir vor, daß dominus urbis beym Ditmar
eben so viel ist, als was in den Diplomen derselbi-
bigen Zeit praefectus oder comes urbis besagt; und
lege dann meine obige Erklärung von den ersten und
ältesten praefectis civitatis Misn. zum Grunde: so
ist mir in der Stelle des Ditmars alles deutlich und

E 3   erklär-

---

49) Diplom. Nachlese im 6 Bande, S. 199.
50) Im ersten Bande S. 73 in der Anmerk.
51) In Seyfarths Offileg. S. Bennonis, p. 16. kommt
dieser Name in einem kaiserl. Diplom vom Jahr
1071 vor: aber der, der ihn führte, war auf kaiserlichen Befehl geköpft worden.

erflärbar. Jetzt würden wir fprechen: „Die Feinde wollten den Burgermeifter Ozer heraus haben. „
Und da die Gefchichte, welche Ditmar erzählt, in
das Jahr 1003 fällt, fo kommen wir auch hiermit
in der Gefchichte der älteften und erften meißnifchen
Burggrafen viel weiter hinauf, welches ich aber
hier nicht weiter ausführen kann, weil ich von meiner langen, aber doch nicht unangenehmen Aus-
fchweifung zu meiner Hauptfache zurückkommen
muß.

Der erfte Capellan der von Burggraf Herrmannen geftifteten Stadtkirche hieß Siffried, und
fchenkte ihr 1161 zu Anfchaffung der Wachslichter
und zu beßrer Erhaltung ihres Priefters feinen
Weinberg, welchen er felbft angelegt hatte. [52] Das
Jus patronatus über diefe Kirche hatten anfangs die
Bifchöfe zu Meißen. Dittrich II. trat folches, wie
gedacht, an fein neuerrichtetes Klofter zu St. Afra
ab; und von diefer Zeit an haben beftändig bis auf
die Zeiten der Reformation zwey Chorherren aus
diefem Klofter als rectores oder Priefter der Kirche
U. L. F. den öffentlichen Gottesdienft, und was fonft
den Geiftlichen an einer Kirche zu thun oblag, ver-
richtet. Der erfte und ältefte Priefter hieß plebanus oder Pfarrer, und der andre war Prediger.

Einer

52) S. Kreyß. Beytr. zur fächf. Gefch. im 2 Bande,
　　S. 1 u. f. Hier haben wir zugleich die ältefte
　　Nachricht von Weingebürgen und deren Cultur
　　bey Meißen.

Einer von diesen Pfarrern war, wenn Fabricii
Nachricht [53]) richtig ist, ein solcher Weiberhasser,
daß er, so oft er ein Mädchen taufte, gesagt haben
soll: Jetzt getäuft, und nun ersäuft. Er aber er-
soff selbst in der Elbe, da er von der Brücke in dieselbe hinunter sah, den Schwindel bekam, und hin-
abstürzte. Die ersten beyden evangelischen Geistlichen, welche 1539 am Tage der Aposteltheilung von
den Visitatoren an diese Kirche verordnet worden sind,
waren ebenfalls noch Conventualen des Klosters
St. Afra, nämlich Lucas Wiesener, des Klosters
gewesener Prior und Senior, als Pfarrer, und
Johannes Hempel, als Diaconus.

§. 22.

Das Afrakloster erhielt ausser jenen annoch von
seinem Stifter das Kirchenlehn zu Brockwitz,
Scharfenberg gegenüber, mit allen zu dieser Kirche gehörigen Zinsen, Zehnden und Einkünften,
welches alles Dittrichs unmittelbarer Nachfolger,
der Bischof Bruno II. im Jahr 1213 nochmals ausführlich bestätiget hat. [54]) Dieses Recht trat das
Kloster im Jahr 1403 an Dittrichen von Miltitz
auf Scharfenberg gegen ein andres ansehnliches
Aequivalent ab, indem derselbige dem Kloster das
Dorf Prauziz, izo Prausiz, dafür gab. Es liegt
unweit Hayda bey Riesa, und die daselbst befindli-
E 4   che

53) Annal. Misnens. ad an. 1505.
54) S. unten Spicil. Diplom. Num. I. und VIII.

che Kirche, welche noch vor dem dreyßigjährigen
Kriege eine Mutterkirche war, und ihre eigenen
Pfarrherren hatte, ist itzo ein Filial von Hayda.
Sie ist in den 1776ten und folgenden Jahren auf
Veranstaltung ihres hohen Collators, des Herrn
Grafen von Callenberg, ganz neu und ungemein
schön erbauet worden. Ich finde aber nicht, daß
das Kloster das Kirchenlehn zu Prausitz gehabt habe. Beyläufig will ich noch mit anmerken, daß
es ausser dem Kirchenlehn zu Brockwitz in spätern
Zeiten auch über die Kirche zu Gröbern dasselbe
eine Zeit lang gehabt habe. Auch die 1468 neu-
errichtete St. Wolfgangscapelle vor dem Lommatz-
scher Thor zu Meißen ward dem Kloster incorporirt, und Tißmann von Grünrodt zu Borna verord-
nete 1474, daß in derselben alle Diensttage eine
ewige Messe von einem Mönche des Klosters gehalten würde. So findet sich auch noch in meinem
Chartular diese Nachricht, daß die Kirche zu Wilß-
dorf dem Kloster nach alter Stiftung einverleibt gewesen sey — ecclesia in Wilzdorf incorporata erat
monasterio nostro de antiqua institutione — weil
ich aber noch nicht habe ausfündig machen können,
ob hiemit das Städtlein Wilßdruf bey Tharant,
oder Wilschdorf über Dresden gemeint sey, so weiß
ich hiervon nichts weiter zu sagen. Gegenwärtig
sind der Kirche zu St. Afra die Kirche zu St. Nicolaus auf dem Neumarkte, und die Kirche zu St.
Martin auf dem Berge, beide vor der Stadt gelegen, einverleibt: sie sind aber erst 1570, als Churfürst August das Kloster zum heiligen Kreuz, zu
wel-

welchem beide Kirchen ehedem gehörten, einzog,
und deſſen Einkünfte größtentheils zu Erhaltung der
Fürſtenſchule ausſetzte, an dieſe Kirche gekommen, haben alſo urſprünglich nie zum Kloſter St. Afra gehört.

§. 23.

Man lieſt endlich auch in der Stiftungsurkunde, daß die Kirche zu St. Afra von keinem andern
Biſchofe, als nur von dem meißniſchen, dem In-
terdicte habe unterworfen werden können, auſſer
zur Zeit eines Generalinterdicts. Ich habe über
dieſe Sache allerley Auslegungen machen hören,
die zum Theil gut juriſtiſch, zum Theil aber auch
ſehr widerſinnig herauskamen. Interdictum iſt
nichts anders als der Kirchenbann, welcher entweder allgemein war, und dann ſich über ein ganzes
Land erſtreckte, oder beſonders nur über einen gewiſſen Kirchſprengel, Stadt, Kloſter, Dorf
u. ſ. w. ergieng. Wenn die Kirchen dem Bann
unterworfen waren, durfte nicht mit den Glocken
geläutet, keine Orgel geſpielt, und der Gottesdienſt
mußte bey verſchloſſenen Kirchthüren mit gedämpf-
ter Stimme (voce ſubmiſſa) gehalten werden. Die
Altäre waren entkleidet, die Reliquien in und auf
denſelben weggenommen, die Crucifire auf die Er-
de gelegt, aller Schmuck der Kirche beyſeite geſchafft,
kein Licht ward angezündet, und die Prieſter durf-
ten ſich weiter keine geiſtliche Verrichtung zu unter-
nehmen unterſtehen, als allein die Kinder zu taufen
und den Sterbenden die Abſolution zu erthei-
E 5   len.

len. ⁵⁵) Die Sache geht uns weiter nichts mehr
an; wir wollen alſo lieber von merkwürdigern Dingen ſprechen, welche zu unſrer Kloſtergeſchichte gehören.

§. 24.

Seine neue Stiftung empfahl der Biſchof dem
Schutze des Landesfürſten — dem Markgraf Dittrich zu Meißen. Die Ausdrücke, die er deswegen in ſeiner Stiftungsurkunde braucht, beweiſen
es zur Genüge, daß er ihm hiermit nach der damaligen löblichen Gewohnheit die Advocatur über Kirche und Kloſter aufgetragen, und ihn erſucht habe,
advocatus eccleſiae et monaſterii zu ſeyn. ⁵⁶) Der
Markgraf geruhete auch dieſen Auftrag zu über-
nehmen, und verſprach, ſich als ein treuer Beſchü-
ßer (fidelis protector) dieſes Kloſters zu beweiſen.
Nicht lange hernach, nämlich im Jahr 1208, gab
er dem Kloſter ein Vorwerg, welches vor dem
Schloſſe oder demſelben gegenüber lag, eigenthümlich)

55) Auſſer dem, was Bincham, Baſnage, du Pin
u. a. m. hiervon ſehr ausführlich geſchrieben haben, ſehe man Hofmanni Contin. Lex. Univerſ.
p. 926.

56) Was es mit der Schutz- und Schirmgerechtig-
keit über Klöſter und Kirchen für Bewandtniß
gehabt habe, hat Paullini in einer vortreflichen
Abhandlung de Advocatis Monaſteriorum, in Syn-
tagm. Rer. Germ. p. 534 — 570 ausgeführt.

lich in Lehn 57) (Dominicale ante caſtrum Miſnen
ſitum). Ich würde dieſes hier nicht angeführt haben, wenn nicht dieſe Urkunde eines Theils ein
ſchöner Beytrag zu der noch ſehr dunkeln und un-
bearbeiteten Lebensgeſchichte dieſes Markgrafen wäre; andern Theils ganz unwiderleglich beſtätigte, daß
der Stifter unſers Kloſters in dieſem 1208ten Jahre noch am Leben geweſen, und alſo nicht ſchon im
Jahre vorher, 58) ſondern erſt in dieſem, den 29 Auguſt 59), verſtorben ſey.

Dieſe

57) S. unten Spicil. Dipl. Num. VI. Dominicale,
ſagt Schannat. in Corp. Trad. Fuldenſ. p. 323.
idem eſt, quod Allodium ſeu diſtinĉta quaedam
proprietas. Denn dominicare heißt in dem damaligen Latein ſo viel als Jure proprietatis poſſidere.
S. Gloſſar. in Freheri Tom. I. S. R. G. p. 702.

58) So ſetzt es Fabric. in Annal. Miſn. ad an. 1207
an, und nun mag man urtheilen, wie viel an dem,
was er weiter von einer langen Verledigung des
biſchöflichen Stuhls u. d.gl. m. hererzählt, wahr ſey.
Denn ſchon zu Anfange des 1209ten Jahrs war
Bruno II. bereits Biſchof zu Meißen, und kurz
vor Pfingſten deſſelben Jahrs, alſo noch kein Jahr
nach Dittrichs II. Tode, machte er dem Kaiſer
Otten dem vierten in Aldenburg ſeine Aufwartung.

59) Necrol Chemn. in Menck. T. II. p. 161. „IV Kal.
Sept. obiit Theodoricus, II. Eps. Miſn.‟ und das
Necrol. Afran. in Schöttg. et Kreiſſ. Tom. II. Di-
plom. p. 145. „XXXI. Auguſt. fer. quinta poſt
S. Auguſtini peragetur Anniverſarium Theodorici
Epiſc. Miſn. fundatoris monaſterii noſtri.‟

Dieſe hohe landesherrliche Protection hat dem
Kloſter allemal mehr eingebracht, als der Brief
voll hoher, aber leerer Worte, in welchem der Erzbiſchof Willibrand zu Magdeburg 1250 dem Kloſter ebenfalls ſeine Protection verſicherte, 60) vermuthlich aus keiner andern Abſicht, als weil man
damals magdeburgiſcher Seits ernſtlich darauf um-
gieng, dem Bisthum Meißen die Exemtion ſtreitig
zu machen, und ſolches dem erzbiſchöflichen Stuhl
gerade ſo wieder zu unterwerfen, wie es ſich die erſten Biſchöfe zu Meißen hatten gefallen laſſen.

§. 25.

Gleich nach völlig vollzogener Stiftung ward
die darüber abgefaßte Urkunde nach Rom geſchickt,
und dem Pabſt Innocentius III. zur Bekräftigung
vorgelegt, welcher auch ſolche in einer Bulle, die
den 6 Julius im achten Jahr ſeiner päbſtlichen Regierung, d. i. im Jahr 1206, unterzeichnet iſt,
genehmiget hat. 61) Allein was bedeutet das, daß
ſchon zehn Jahre hernach, im Jahr 1216, der Pabſt
Honorius III. dem Scholaſticus des Collegiatſtifts
zu Erfurt Befehl und päbſtliche Gewalt gab, daß
derſelbe alle Güter und Einkünfte, welche man dem
Kloſter unbefugterweiſe entzogen und abgenommen
hatte, wieder herbeyſchaffen, und ihm zu ſeinem
Recht und Eigenthum verhelfen ſollte? 62) Man
ſieht

60) S. unten Spicil. Dipl. Num. XIIII.
61) S. ebendaſ. Num. V.
62) S. ebendaſ. Num. IX.

sieht wohl, daß niemand bey Brief und Siegel, bey landesherrlichen Gesetzen und Protectionen, und bey allen noch so sehr befestigten Versicherungen seines rechtmäßigen Eigenthums so gewiß sey, daß ihm nicht Intrigue, Cabale, Chicane, und wie die bösen Geister sonst noch heißen, daßelbe streitig machen, und daraus zu verdrängen suchen sollten. Es finden sich böse Sachwalter und böse Richter, die es sich von je her zu einer Merite angerechnet haben, eine schlimme und ungerechte Sache lieber zu gewinnen und durchzufechten, als eine gute und gerechte aufrecht zu erhalten. Die meißnischen Domherren waren unstreitig mit der allzureichlichen Ausstattung, welche der Bischof Dittrich seinem neuen Kloster gab, nicht sonderlich zufrieden, und sie sahen scheel dazu, daß er von den Einkünften des Bisthums so viele Zehnden und Getraide-zinsen abnahm, und an seine Stiftung verwendete. Er gieng schon auf der Grube, da er diese Stiftung machte. Man scheute sich, dem ehrwürdigen Greise viele Schwierigkeiten zu machen, oder wenn man sie machte, darauf zu bestehen: aber man lauerte auf seinen Tod, um das ungescheut auszuführen, was man itzt vielleicht aus andern Ursachen bey seinem Leben unterdrücken oder verbeißen mußte. Dittrich starb — und nun fiengen unsre Domherren an, den Chorherren zu Afra ein Stück nach dem andern von den ihnen zuerkannten Gütern und Privilegien in Anspruch zu nehmen. Wäre dieses nicht geschehen, was hätte der Bischof Bruno es nöthig gehabt, ihnen, da die Stiftung
noch

noch ſo neu war, neue Verſicherungen bald über die Incorporation der Stadtkirche, bald über das Kirchenlehn zu Brockwitz u. d. gl. m. zu geben? Und was war es nöthig, endlich gar bey dem Pabſte darüber Beſchwerde zu führen? So klärt ſich nun das auf, was Calles [63]) aus einem geſchriebenen Verzeichniſſe aller Urkunden des meißniſchen Bisthums angemerkt hat — Die Domherren zu Meißen hätten bey dem Pabſt Innocentius III. angelegentlichſt Anſuchung gethan, ihnen die Erlaubniß zu geben, daß ſie alle Zehnden, welche ihr Biſchof an andre verſchenkt und ihnen zu Lehn und Eigenthum gegeben hätte, wieder zurück, und an ſich nehmen könnten. Es iſt das Vorrecht aller großen und kleinen Päbſte in und auſſer Rom, daß ſie, was ſie heute erlauben, genehmigen und kräftig machen, morgen vielleicht ſchon eben ſo autoritätiſch widerrufen und entkräften. Wenigſtens war es bey dem Pabſt Innocentius III. ſo. Bey ſeinem Naturel war es ihm was leichtes, ſeiner obigen Beſtätigungsbulle ungeachtet, dennoch auch den Domherren unterm 2 April 1215 ein Indult zu geben, und in demſelben die Erlaubniß, daß ſie alle jene bedauerte Zinſen und Verſchenkungen wieder an ſich nehmen könnten. V. R. W. Wo ſollten unſre afraniſchen Kloſterbrüder nun Hülfe ſuchen? — Doch zu ihrem größten Glück mußte Innocentius am 18 Julius 1216 die allgemeine Schuld der Natur bezahlen. Sie ſäumten alſo nicht, ihre gerechte Sache bey dem

---

[63] Ser. Epiſc. Miſn. p. 155.

dem neuen Pabste anzubringen, und dieser gab ihnen schon am 13 December dieses Jahrs, was ihr
Herz wünschte. So gelangten sie nach und nach
zu einem ruhigen Besitze alles dessen, was ihnen
die gute Seele ihres milden Stifters gewidmet hatte; und eine nie zu erschütternde Befestigung dessel-
ben schien ihnen endlich der Pabst Nicolaus III. in
einer sehr ausführlichen und durchaus merkwürdigen
Bulle vom Jahr 1278 zu ertheilen. [64]

§. 26.

Jetzo erst komme ich auf die Untersuchung der
eigentlichen Absichten, welche Bischof Dittrichen II.
zu dieser Klosterstiftung bewogen haben. Bis auf
seine Zeiten waren in dem meißnischen Bisthume
noch gar wenig Klöster, und der Hub unter allen
war unstreitig das zu Chemnitz und das zu Alten-
zell; die übrigen waren nur Clausen, und die andern alle, die uns als berühmt bekannt sind, sind
jünger als unser Afrakloster. In der Residenz des
Bischofs war noch kein Kloster; Fabricius, Albinus, Faust und Peckenstein mögen uns versagen
was sie wollen, sie verdienen weiter keine Wider-
legung. Die Vermehrung der Mönchorden schien
ihm daher, nach der Meinung seines Zeitalters,
um so viel nothwendiger zu seyn, weil es wirklich
in seiner Diöces noch gar sehr daran fehlte. Er
giebt dieses in seinem Stiftungsbriefe deutlich zu ver-

64) S. unten Spicil. Diplom. Num. XII.

verſtehen, da wo er von einer Beförderung der Re=
ligion redet; in welcher Stelle, nach dem dama=
ligen Sprachgebrauch, das Wort Religio in der
That nichts anders als den Orden und das Leben
der Kloſterleute bedeutet. Denn wollte man es
in ſeiner bekannteſten Bedeutung nehmen, ſo wür=
de es für den Biſchof etwas nachtheilig und ziemlich
widerſinnig ausfallen. Sein Entſchluß, ein Klo=
ſter anzulegen, war alſo gefaßt: aber es war noch
nicht ſogleich entſchieden, für welchen Orden es be=
ſtimmt werden ſollte. Die Benedictiner und Au=
guſtiner waren zu ſeinen Zeiten die bekannteſten
und berühmteſten. Die Franciſcaner waren noch
nicht geboren, und der ganze große Schwall von
ſo vielen und unzähligen Orden ſtieg erſt in ſpätern
Zeiten aus den wüſten und leeren Tiefen heiliger
Phantaſien herauf. Benedictinerklöſter waren
ſchon etliche da in dem meißniſchen Sprengel: aber
auſſer dem Auguſtinerkloſter zu Zſchillen weiter
keins. Die Wahl konnte ihm alſo nicht ſchwer
werden. Es ward beſchloſſen, und es geſchah —
Da gieng eine Colonie aus dem Kloſter Lauters=
berg hervor, und bevölkerte Dittrichs neues Klo=
ſter bey der Kirche zu St. Afra. Es war und
blieb auch das einzige Kloſter dieſes Ordens in dem
meißniſchen Bisthum; denn mit dem Kloſter Zſchil=
len gieng 1268 eine Veränderung vor.

Ein Kloſter zu ſtiften, um nur eins und eins
mehr zu haben, das läßt ſich von unſerm Biſchof
wohl füglich nicht denken; ſeine Leidenſchaft müßte
denn

denn so was ähnliches mit der Büchersucht mancher
so genannter Gelehrten gehabt haben. Aber wir
können die Bürgschaft dafür leisten, daß ihm dergleichen nicht angedichtet werden kann. Der Bischof — man polemisire mir dagegen was man
wolle — hatte ungleich beßre und edlere Absichten,
welche man billig nicht nach der Ansicht unsrer auf-
geklärten Zeiten, sondern lediglich nach der Beschaffenheit des damaligen Zeitalters, das sich eben erst
auszuwickeln anfieng, beurtheilen muß. Er har
diese seine lobenswürdigen Absichten deutlich genug
der Welt vor Augen gelegt. Ohne mich lange bey
dem Eingange seines Stiftungsbriefes aufzuhalten,
weil er vielleicht von keiner größern Erheblichkeit
ist, als etwa mancher Eingang zu mancher Predigt — wir müßten denn das ausnehmen wollen,
was er von den Folgen seiner einstweiligen unver-
meidlichen Abwesenheit vom Stifte, von der Nachläßigkeit seiner Brüder, womit er seine Domherren meynte, und von der Sorge für das Heil seiner
eignen Seele gesagt hat, daß er nämlich in Rück-
sicht alles dessen zu mehrerer Beförderung des öffentlichen Gottesdienstes eben dieses Kloster zu stiften für nöthig befunden habe: — ich sage, ohne
hierauf ein besonderes Augenmerk zu richten, so giebt
er ein paar viel rühmlichere Ursachen ausdrücklich
zu verstehen. Die erste war, wie wir schon vorhin gedacht haben, daß das gemeine Volk in und
ausserhalb der Stadt Meißen sich forthin einer ge-
treuern und genauern Seelenpflege, als es bisher geschehen war, zu versprechen hätte. Den

F   Dom-

Domherren und ihren Vicarien war dieſes köſtliche
Werk zu mühſam, zu läſtig — es mochte alſo viel
dabey verſäumt worden ſeyn. — Dieſem abzuhel-
fen, übertrug der Biſchof ſeinen Auguſtinern von
nun an die Sorgfalt für das Geiſtliche der meißniſchen Einwohner ganz allein; und hiermit handelte
er wirklich ſo ſchön, als irgend einer von den beſten
und rechtſchaffenſten Biſchöfen der erſten chriſtlichen
Kirche.

§. 27.

Er bewies aber dieſe ſeine guten Geſinnungen
noch weiter durch die Anlegung einer neuen Schule in dieſem Kloſter für zwölf Knaben oder Jüng-
linge, daß ſie darinnen zu geiſtlichen Aemtern un-
terwieſen und vorbereitet würden. Hievon ſpricht
er in ſeinem Stiftungsbriefe ſo: ut divinum officium
ibi ſolempniter celebretur, ſcolae illic duodecim puerorum ſecularium habeantur. Schöttgen, in der ſchon oben (§. 3.) angeführten Abhandlung, zieht aus dieſen Worten ein nicht ganz richti-
ges Urtheil über die Beſchaffenheit dieſer und an-
derer Schulen in den damaligen Zeiten. „Man
„brauchte ſie,“ ſagt er, „nicht ſowohl zur Beför-
„derung der Wiſſenſchaften überhaupt, ſondern
„vielmehr der Pracht bey dem öffentlichen Gottes-
„dienſte; daher es uns nicht wundern darf, wenn
„aus dieſen Schulen ſo gar ſehr wenig gelehrte Leute
„gekommen ſind. Denn es iſt leichter, einen
„Pſalm oder die gewöhnlichen Lieder abſingen, und
„die

„die äußerlichen gottesdienstlichen Gebräuche nach-
„machen zu lernen, als den Kopf durch gelehrte
„Kenntnisse aufzuklären." — Darinnen hat
Schöttgen vollkommen recht, daß in den damaligen
Klosterschulen ungemein wenig gelehrte Leute gezogen worden sind. Und obschon der Orden, zu welchem unser Kloster gehörte, vorzüglich im Rufe
war, daß in ihren Klöstern die gelehrten Wissenschaften am besten getrieben würden, so muß ich
dennoch gestehen, daß mir aus der afranischen Klosterschule, alles fleißigen Nachspürens ungeachtet,
gleichwohl kein einziges gelehrtes Subject unter den
Mönchen, welche über 330 Jahr in derselben studirt haben, bekannt worden ist. An guten und
zum Theil gelehrten und berühmten Männern, welche dieser Schule als Rectoren vorgestanden haben,
hat es, wie wir bald sehen werden, nicht gefehlt.
Es muß also wohl sonst Ursachen gehabt haben,
daß in diesem Kloster kein berühmter Mann seiner
Zeit aufgewachsen, wenigstens uns nicht bekannt
worden ist, deren Untersuchung aber hieher nicht
gehört. Die Erlernung der Musik und sonderlich des Chorals, wie Schöttgen dafür hält, war
es indessen gewiß nicht allein, um deswillen Dittrich diese Klosterschule anlegte, und zu ihrer Erhaltung auch besonders bestimmte Einkünfte anwies.[65]
Seiner löblichen Absicht gemäß sollte sie eine Pflanz-
schule des Christenthums, der Theologie, der guten Sitten und der schönen Wissenschaften seyn.

F 2 Die

---

65) S. unten Spicil. Diplom. Num. II.

Die jungen Leute, welche in dieser Schule eine
Stelle bekamen, mußten sich dem Willen des Stifters gemäß lediglich dem geistlichen Stande widmen, und zu dem Orden des Klosters, in welchem
sie unterwiesen wurden, anheischig machen. Sie
erhielten hier genugsamen Unterricht in der latei-
nischen Sprache, in der Dichtkunst, und in der
Theologie. 66) Man lehrte sie die Kunst zierlich und schön zu schreiben, damit man sie theils
bey Ausfertigung der Urkunden, theils auch und
zwar sonderlich zum Bücherabschreiben brauchen
könnte. In dieser Absicht machte man sie auch in
etwas mit der Malerey bekannt, um die Titel der
Bücher und die Anfangsbuchstaben in denselben damit auszuschmücken. Hievon giebt die in der da-
sigen Fürstenschulbibliothek befindliche und aus der
alten Klosterbibliothek gerettete und sauber geschrie-
bene lateinische Bibel in Folio, welche der gelehrte
Rector Höre 1762 in einem Schulprogramma beschrieb, ein ganz unverwerfliches Zeugniß. Sind
nun gleich in dieser Klosterschule keine Pfeiler der
Gelehrsamkeit zugerichtet worden, so ist doch auch
so viel gewiß, daß sie nicht lauter Tonkünstler und
Schreiber

66) Seltsam war es, wenn der sonst so kluge Bischof
zu Meißen, Johann von Saalhausen, in seinen
1504 zu Leipzig gedruckten Statutis synodalibus
f. 17. den Rectoribus scholarum und ihren Colle-
gen verbot, ne de cetero in ipsorum scholis libros
sacrae paginae explicarent publice vel occulto, et
modo in studio artium liberalium contenti essent.

Schreiber gebildet hat. Es ist auch nicht lange bey der von dem Stifter bestimmten Anzahl der zwölf Schüler geblieben, sondern sie ist binnen einer Zeit von sechzig bis siebzig Jahren um noch einmal so viel verstärkt worden. Dieses wissen wir zuverläßig aus der nachmaligen Bestätigung dieser ganzen Stiftung überhaupt, welche das Kloster 1278 von dem Pabst Nicolaus dem dritten erhalten hat. [67] Dieser Pabst bestätigte unter andern demselben auch seine Schule für vier und zwanzig Scholaren, und zwar mit solcher Bedingung, daß keiner von den Schulmeistern oder Rectorn, weder der in der Domschule auf dem Schlosse, noch der zu St. Afra, dem andern zum Nachtheil, und ohne vorgängige ausbrückliche Bewilligung, seine Schüler in seine Schule aufnehmen sollte. Dieser Umstand macht es sehr wahrscheinlich, daß dieses Schulinstitut gar bald vielen Beyfall gefunden haben, und in dieser Klosterschule die Unterweisung junger Leute von gutem Erfolg gewesen seyn müsse. Ich will dieses aus ein paar Umständen nachfolgender Zeiten beweisen und erläutern.

Diese Schule hatte ihre eignen Rectoren oder Schulmeister, welche, wie es erforderlich gewesen zu seyn scheint, Magistri seyn, und also auf hohen Schulen studirt haben mußten. Hier sind einige von diesen uralten Rectorn der afranischen Kloster

F 3			schule

---

67) S. unten Spicil. Diplom. Num. XII.

schule vor den Zeiten der Reformation, so gut ich
sie aus alten Klosterbriefen habe zusammenstoppeln
können. M. Heinrich von Weißdorf, 1323.
M. Johann von Dippoldiswalda, 1360. 1361.
M. Bartholomäus von Foresta, 1403. 1406.
M. Paul Koppel, 1417. M. Valentin Quas,
1471. M. Wolfgang Weißhahn, 1516, und
endlich M. Wolfgang Pfendtner von Hohlfeld in
Franken, der letzte Rector dieser Klosterschule,
nachmaliger Doctor der Theologie und erster evan-
gelischer Superintendent zu Annaberg, wohin derselbe vom Archidiaconat an der Nicolauskirche in
Leipzig 1546 berufen ward, und allwo er 1556 gestorben ist. 68) Ein Mann von sonderlicher Gelehrsamkeit und großem Ansehn! Ob es wahr
sey, daß in dieser Schule der berühmte große Dichter aus Italien, Dantes Aldigerius, bey seiner
Flucht aus seinem Vaterlande, da er sich auch in
unserm Meißnerlande einige Zeit aufgehalten hat,
hier in Meißen, und zwar sonderlich in unsrer Klosterschule ums Jahr 1307, die jungen Leute unter-
richtet habe? und ob der genugsam bekannte Ge-
hülfe und Freund des M. Johann Hussens, der
M. Peter von Dresden, ebenfalls hier das Rectorat einige Zeit verwaltet habe? hätten diejenigen,
die es uns gemeldet haben, 69) umständlicher beweisen

---

68) S. Fausts Gesch. Buch von Meißen, S 125.
Vogels Annales Lips. p. 158. 165 und 190.
Unschuld. Nachr. 1710. S. 758.
69) Von jenem sagts der Verf. der sächs. Gesch. 8.
1712.

weisen sollen. · Genug, wir sehn doch hieraus, daß diese Klosterschule keine so genannte Trivialschule gewesen seyn könne, weil man immer für geschickte und sattsam gelehrte Lehrer an derselben gesorgt hat. Sie genoß auch 1519 die Ehre, daß, als die Uni- versität von Leipzig der Pest wegen nach Meißen verlegt ward, die Professoren, und sonderlich Pe- trus Mosellanus, ihre Collegien in ihrem Hörsaale lasen, und in demselben am 15 Februar 1520 ei- ne feyerliche Magisterpromotion gehalten ward. 70)

Um dieser Schule willen mögen auch wohl an die Klosterbibliothek mehr als gewöhnlich so ver- schiedne Vermächtnisse an Büchern und Geldlegate zu deren Anschaffung gemacht worden seyn, und dieses gerade in denjenigen Zeiten, da die Gelehr- samkeit und die schönen Wissenschaften anfiengen, auch den deutschen Boden zu betreten.   Der Dom- herr zu Meißen, Walther von Seehausen, wel- cher 1457 starb, vermachte dieser Bibliothek an Büchern: die Decretales — Summam Azonis — Compendium veritatis theologicae — und einen Band, in welchem die Soliloquia beati Augustini, Meditationes beati Bernhardi, et de stimulis amo- ris S. Bernhardi, it. das Horologium zusammenge- bunden waren.

F 4

Kurz

1712. P. III. p. m. 132. von diesem Dresser. de urb. Germ. p. 209.
70) S. Fabricii Annal. Misn. p. 179.

Kurz hernach teſtirte ein Domvicarius, Johann von Rochliß, lib. de officio miſſae — Jacobum de Voragine oder die ſo genannte gôldne legende — Diſciplinam de Sanctis — Iſidori Etymologiarium, und über dieſe noch 17 andre große und kleine geſchriebne Bânde.

Ein andrer Domvicarius, Heinrich Mohr von Oſterburg, verehrte 1476 totum corpus bibliorum in uno — Poſtillas Fr. Nicolai de Lyra cum additionibus Pauli Burgenſis ſuper eadem Biblia in IV. Voluminibus gedruckt — Summam Piſani auf Papier geſchrieben — Summam Goffredi auf Pergament, und das bekannte alte Gebetbuch: manipulus florum, auf Papier, beyde geſchrieben.

Dieſem guten Beyſpiele folgte der damalige Stiftsſyndicus zu Meißen, D. Valentin Niklaskow — er war es von 1472 bis 1503 — welcher die afraniſche Kloſterbibliothek mit folgenden Büchern beſchenkte — Vincentii Speculum Hiſtoriale — Decretum, Decretales, Sextus et Clementinae — Hoſtienſis in quinque libros Decretalium in zween Bânden — Caſus ſummarii Bartholomaei — Summarium textuale ſuper Decreto et Concluſiones ſuper textum et Clementinas — Concordantiae majores — Repertorium minus — Proceſſus juris Johannis de Awerbach — Summa Azonis in Pergameno — Gloſſa Marginalis Petri Lombardi ſuper Pſalterium — Trilogium animae et unum Votivale in papyro impreſſum.

So

So erhielt auch dieselbe neuen Zuwachs durch folgende Bücher, welche ihr ein Domvicarius, Laurentius Thle, verehrte: Decretum. — Decretales — Sextum Decretalium et Clementinae — Sermones parati de tempore et de Sanctis — Sermones Alberti Magni — Vitae patrum — Postilla Guillermi super epistolas et evangelia — Liber summarum — Valerius Maximus — Terentius cum commentario — Instituta Regalia — Steffanus Flifcus — Confessionale Anthonii — nebst noch verschiednen andern kleinern Tractätchen.

Wincentius Robe, ein Domvicarius, legirte 1504 in seinem Testamente ein Capital, von dessen Zinsen jährlich 50 neue Bücher in die Klosterbibliothek angeschafft werden sollten, welche durch das Legat eines meißnischen Bürgers im Jahr 1516 zu gleicher Absicht gar ansehnlich verstärkt worden sind. [71])

Alle itzt genannte Bücher sind, wie es schon die Titel anzeigen, von solchem Inhalt, daß man daraus nicht etwa, wie Schöttgen meynte, musikalische Grundsätze, sondern Theologie, Auslegungskunst, Jurisprudenz, Philosophie, Ascetik, Litteratur u. s. w. zu lernen hatte.

F 5   Auch

71) S. Schöttg. et Kreiß. T. II. S. R. G. p. 137. 140. 141. 148. 149 u. s. w.

Auch noch dieſes beweiſet es, daß unſre Klo-
ſterſchule zu ihren Zeiten eine der blühendſten geweſen ſeyn mag — weil das Kloſter nebſt der heiligen Afra auch die heilige Katharina als eine Hauptpatroninn vom Anfange ſeiner Stiftung an verehrte.
Sie ſteht daher in dem älteſten Kloſterſiegel linker Hand bey dem Stifter Theodoricus epiſcopus.
Was den Römern und Griechen die Minerva war, das war in dem mittlern Zeitalter den gelehrten Geſellſchaften die Katharina — eine Beſchützerinn der Gelehrſamkeit, eine Pflegerinn der Wiſſenſchaften und ihrer Verehrer. Aus eben dieſem Bewegungsgrunde ſetzte die Univerſität Leipzig gleich bey ihrem Entſtehen das Bild dieſer Heiligen in ihr Siegel. Gewiß konnte unſer Kloſter dieſe Heilige aus keiner andern Abſicht ſo hoch verehren, als wegen ſeiner Schule, welche es dem Biſchof Dittrich II. zu danken hatte. Zu beſtändiger Erinnerung ſetzten ſie beide Bildniſſe in ihr Siegel zuſammen, und nächſt den Hochfeſten ward kein Feſt von ihnen feyerlicher begangen, als das Feſt der heiligen Katharina, zu deſſen Begehung ſchon 1223 ein Geiſtlicher, Gottfried Gutmann, dem Kloſter zwanzig Scheffel Korn und eben ſo viel Haber jährliche Zinſen aus dem im Diſtrict Niſen gelegenen Dorfe Grumbach unweit Wilßdruff, welche er dem Edelmanne allda, Barowi, abkaufte, zu ewigen Zeiten legirte.

Aus dem allem, was ich von dieſer Schule angeführt habe, ergiebt ſich, daß auch die Abſicht
des

des Stifters unsers Klosters keineswegs fehlge-
schlagen ist; sondern die göttliche Vorsehung hat
sie dergestalt gesegnet, daß nicht nur bis auf die
Zeiten der Reformation dieses Kloster eine Werk-
statt der Gelehrsamkeit gewesen ist, sondern eben
dieses uralte Schulinstitut war einer von den ersten
Bewegungsgründen, welche den Churfürst Mauritius, damaligen Herzog zu Sachsen, veranlaß-
ten, in diesem Kloster 1543 die so berühmte Fürstenschule anzulegen — diese Mutter so großer,
so namhafter, so vieler gelehrten Männer — welche von ihrer Gründung an unter der Aufsicht der
gelehrtesten und ausgesuchtesten Männer geblüht
hat, und noch blüht, und blühen mag bis an das
Ende aller Zeiten. So weit sahe Bischof Dittrich
nicht, da er für zwölf Schüler seine Schule grün-
dete: aber das Auge des Allsehenden sahe diese ent-
ferntesten Zeiten schon so gut als gegenwärtig, und
kettete sie dem Stifter unwissend an seinen Plan.

§. 28.

Diese schönen und glänzenden Absichten ver-
dunkeln alles übrige, was Dittrich bey dieser ganzen Sache etwa noch zur Nebenabsicht gehabt,
auch wohl nach seiner damaligen Einsicht vielleicht mit zur Hauptsache gemacht haben kann.
Er redet in seinem Briefe von gewissen auf seinem
geistlichen Acker aufgewachsenen Dornen, deren
Ausrottung er herzlich wünsche — er redet auch
von gewissen Sünden, mit welchen er seine Seele
ver-

verletzt, und zu deren Geneſung er dieſe ſeine neue
Stiftung als ein Mittel angeſehen habe. Es mag
ſeyn, daß er ſich ſonderlich auch zu Beruhigung
ſeines Gewiſſens vor und in ſeinem Tode zu dieſer
ſo preiswürdigen Stiftung entſchloſſen habe : aber
verwegen wäre es doch, wenn wir hier auf gewiſſe
namhafte Sünden, die ihn ein ſo großes Werk
auszuführen angetrieben haben könnten, rathen
wollten. Seine Domherren, und ſonderlich der
Probſt zu Wurzen, Dittrich, beſchuldigten ihn
zwar öffentlich des Laſters der Simonie — daß er
ſein Bisthum unrechtmäßigerweiſe erlangt habe:
allein da der Pabſt Cöleſtin III. die Klage, welche
ſie deswegen bey ihm anbrachten, verwarf, und
Dittrichen für einen rechtmäßigen Biſchof erkann-
te, ſo könnte dieſer Fehler es wohl am wenigſten
geweſen ſeyn, welcher ihn gereizt hätte, ein Kloſter zu ſtiften: er müßte denn ein auſſerordent-
lich zärtliches Gewiſſen und eine viel tiefre Einſicht
in die Folgen menſchlicher Handlungen gehabt haben, als ſie von ſeinem Zeitalter zu vermuthen war.
Genug, ein Gefühl ſeiner eigenen Sünden, deren
er ſich ſchuldig wußte, und die hervorſtechenden
Sünden ſeiner Domherren und Geiſtlichen trieben
ihn zu guten Werken. Wollen wir ihn deßwegen
richten? Wollen wir ihm die chriſtliche Quelle,
aus welcher eigentlich wahre gute Werke herkom-
men müſſen, ſtreitig machen? den Glauben abſpre-
chen? Wollen wir jene edeln Abſichten, die Gott
ſo augenſcheinlich geſegnet hat, verkennen? oder
ihnen etwa blindlings die ganze Schmach des Aber-
glau-

glaubens anhängen? — Wahrhaftig, so wären
wir mit allen unsern gerühmten Einsichten, Er-
kenntnissen und Philosophien noch nicht so gar weit
über jenen Zustand hinweg, in welchem sich zu
dieses Bischofs Zeiten, da der spar- und mühsam
ausgesäte Same der Weisheit erst aufzugehen anfieng, die geistlichen und weltlichen Wissenschaften
befanden. Der Ruhm eines so schönen Werks ge-
bührt also diesem Bischof ganz unstreitig bis auf
die späteste Nachkommenschaft, ob ihm schon einige unächte Historiensammler durch ihre falsche Sage solchen wo nicht streitig gemacht, jedoch verdun-
kelt haben: wenn sie einerseits nicht ihn, sondern einen
viel frühern meißnischen Bischof, den Reinerus, für
den Urheber dieser ganzen Stiftung, und sogar, welches kaum zu glauben war, der itzt beschriebenen
Klosterschule ausgaben, [72] andererseits aber diese
ganze Sache als etwas sehr geringfügiges ansahen,
welches einer genauern Untersuchung und Beleuch-
tung nicht der Mühe werth sey. Und es war doch
der Hauptquell zu einer ganz neuen Schulstiftung,
welche vielleicht ohne Bischof Dittrichs Anstalt nie
erfolgt seyn würde. Denn aus einem eingezogenen
reichen Kloster ließ sich ganz bequem eine Fürstenschule errichten. Eine solche Wohlthat für Land
und Leute wollten wir wohl wie einen Raub dahin
nehmen? — Wie unerkenntlich wärst du, spätres
Menschengeschlecht!

§. 29.

72) Sonderlich Schreiter in seiner Predigt, Meißn.
Hauptthurm a. a. O.

§. 29.

Ehe ich meine Abhandlung beſchlieſſe, habe ich
noch einige nothwendige Anmerkungen über den
Stiftungsbrief Num. I. und die drey darauf folgenden Urkunden zu machen. Sie betreffen nicht
die Topographie, Geſchichte und Genealogie vor-
nehmer Familien und Perſonen u. ſ. w. Denn
dieſes alles, was etwa hier Neues vorkommt, wird
der Liebhaber eines jeglichen von dieſen leicht zu bemerken und auszuzeichnen wiſſen. Meine Bemer-
kungen beziehen ſich auf das Diplomatiſche und auf
das Weſentliche dieſer Urkunden ſelber. Zuerſt
muß ich überhaupt anmerken, daß die Herren des
Kloſters ihren Copiſten keine unter allen Urkunden
ſorgfältiger in mein obengedachtes Chartularium
haben eintragen laſſen, als dieſe erſten viere. Sie
ſtehen dreymal, jedesmal von einer andern Hand,
in demſelben abgeſchrieben, und die dritte Copie,
als die beſte und zuverläßigſte, iſt von einem No-
tar, Eraſmus Günther, aus den Originalien genommen, und mit denſelben genau und wörtlich
übereinſtimmend gewöhnlich bezeugt worden. Ich
kann alſo der Meinung jenes gelehrten Verfaſſers
der Vorrede zu dem dritten Bande des Codicis Lau-
rishamenſis unmöglich beypflichten, wenn ers für
eine Frucht der Nachläßigkeit der Mönche gehalten hat, daß ſie in ihren Kloſterchartularien, die
ſie doch als Handbücher brauchten, eine und eben
dieſelbe Urkunde zwey bis dreymal abgeſchrieben
hätten. Sie hatten gewiß gute Urſachen dazu.

Denn

Denn warum schrieben sie nicht alle und jede ihrer Urkunden gedoppelt ab? warum nur immer gerade die wichtigsten, die merkwürdigsten, die ältesten? Denn diesen Stempel haben alle die Doubletten, wenigstens in meinem Chartular. Und ist es bey dergleichen Diplomen, wovon uns die Originale fehlen, nicht sehr vortheilhaft, verschiedene Abschriften mit einander vergleichen, und eine aus der andern berichtigen oder erläutern zu können? Ich weiß nicht, ob die Originale unsrer Stiftungsbriefe noch da sind; jedoch vermuthe ich es, daß, da sie zwiefach abgefaßt worden sind, sie wenigstens noch einmal da seyn können. Denn in einer Registratur aller Urkunden in dem Archive des Hochstifts Meißen, welche der Domdechant, Johann von Crackau, im Jahr 1593 hat abfassen lassen, findet sich auch diese Rubric: Littera duplicata Theodorici Episcopi Misnensis super conventu Canonicorum Regularium in ecclesia S. Affrae ad electionem Praepositi, addita fundatione hujus monasterii et constitutione super praedicta electione, proventibus et praebendis ad ecclesiam S. Affrae pertinentibus; data Misnae anno 1205 pontificatus ejus Episc. anno 15. Da es nach dem alten Sprüchworte nicht einem ieden glückt, nach Korinth zu kommen, so will ich mir an dieser Nachricht begnügen lassen, und gerne gestehen, daß ich kein Original zu sehen Gelegenheit gefunden habe. Ich denke aber auch, daß wir dabey nichts eingebüßt haben. Denn da wir die vidimirte Abschrift eines alten Notarius aus dem funfzehnten Jahrhun-

hunderte haben, ſo iſt das Original ſelbſt nicht
mehr ſo was geheimes, wie es etwa die eleuſini‐
ſchen Heiligthümer waren.

An dem Original des Stiftungsbriefs
Num. I. haben drey Siegel gehangen, nämlich
das Siegel des Markgraf Dittrichs zu Meißen,
das Siegel des Stifters, und das Siegel des
Domcapitels. Die andern drey Urkunden Num. II.
III. IV. waren nur allein mit dem Siegel des Bi‐
ſchofs verſehen, auſſer Num. IV. an welchem auch
das Siegel des Domcapitels hieng.

Der Stifter hat es auch für nöthig und gut
befunden, ſeinen Stiftungsbriefen gewiſſe harte
Drohworte wider diejenigen beyzufügen, welche
dieſer ſeiner Stiftung etwas zuwider handeln, oder
davon entziehen, oder ſie gar eingehen laſſen wür‐
den. In einigen andern dergleichen Briefen, wie
z. E. in den über das Kloſter Walkenried, 73) lau‐
ten dieſe Imprecationes ſehr ſchrecklich und fürchter‐
lich; und ich dächte, ganz ohne Schauer könnte
man die in unſern Urkunden auch nicht leſen, wenn
man ihnen zugleich ernſthaft nachdenkt. Meiner
Meinung nach ſind ſie gewiß nicht blos Formel,
ſondern heiliger Ernſt des Stifters, welchen man
aus der Wichtigkeit und Aufrichtigkeit ſeiner Ab‐
ſichten

---

73) S. Leuckfeldi Antiq. Walckenried. T. I. c. IV.
p. 31.

sichten so wohl, als auch aus der Beschaffenheit
der menschlichen Sitten und Denkungsart in den
damaligen Zeiten beurtheilen muß. Freylich trifft
ein unbesonnener und unverdienter Fluch nicht.
Aber wird ein Fluch, mit Ueberlegung, in einer Sache von solcher Wichtigkeit, wie eben diese Stiftung
war, mit dem ganzen feyerlichen Ernste der Reli-
gion von einem Bischofe ausgesprochen, wird der
von keiner Kraft seyn, wenn seinen Absichten entgegen gehandelt wird? Wissen wir, wie das Herz
dieses Mannes und seine Gesinnung dabey be-
schaffen gewesen ist, da er ihn seinem Copisten di-
ctirte? Kann ers nicht mit Gott aufrichtig gemeint
haben? Und dann war er und sein ganzes Werk dem
Herrn doch gewiß angenehm. Wie selig war also
der Gedanke des Herzogs Mauritius, auf dieses
alte Fundament ein neues gutes Werk von gleichem
Gehalt und Werthe zu bauen!

Endlich muß ich noch mit ein paar Worten
meine Gedanken über Horns Meinung, welche er
in seiner sächsischen Handbibliothek S. 837 über
die unten angeführten beiden Urkunden Num. I.
und II. geäußert hat, anführen: „Man hat,"
spricht er, „von dieser Fundation zweyerley tabulas
„des Stifters. In der ersten wird unter andern
„festgestellt, daß, was das jus albergariae des
„Landesherrn anlangte, die Mönche in der Maße,
„wie die zu St. Moriz in Naumburg, dazu ge-
„halten, übrigens aber mit ihren Gütern ab omni
„precaria exactione exemt seyn sollten. Beiderley
G   „Um-

„Umſtände mangeln in der andern tabula, ob ſie
„gleich mit weit mehrerer Particulariſirung und
„genauerer Beſchreibung der Privilegien und Gü-
„ter des Kloſters abgefaßt worden iſt.“ Horn,
um ſich aus dieſer ihm ſo ſcheinenden Verwickelung
zu helfen, meint, der Stifter oder ſein Concipient
habe beym erſten Vortrage nicht genau genug Ach-
tung gegeben, oder es habe dieſer und jener paſſus
ex poſt facto durch Veranlaſſung eines tertii inter-
venientis geändert werden müſſen, oder es ſey ein
oder das andere Augmentum dann erſt zugeſtanden
worden, nachdem die Ausfertigung der erſten Urkunde ſchon geſchehen wäre u. ſ. w. Aber wozu
doch alle dieſe ſo mühſam ausgeſonnenen, als mü-
benden und ganz ungegründeten Muthmaßungen,
die bey einer genauen Prüfung am Ende doch auf
ein pures Nichts hinauslaufen? Denn in dem
Inhalte dieſer Urkunden liegt alles das wirklich
nicht, was Horn darinnen geſehen haben will.
Beſſer und kurz iſt die ganze Bedenklichkeit wegen
der gleichſtimmig ſcheinenden Urkunden meines
Bedenkens völlig ſo zu heben. Die erſte Urkunde
iſt der Hauptbrief über das ganze Werk nach ſeinem ganzen Umfange genommen. Die andre Urkunde betrifft die Einrichtung der in dem Kloſter
angelegten Schule, mit ihren dazu gehörigen Einkünften, und von wem ſie eigentlich dependiren
ſolle. Die dritte Urkunde enthält offenbar das Privilegium über die dem Kloſterconvent zuſtehende freye
Wahl eines Probſts, und was für Einkünfte,
Pflichten und Rechte dieſer Würde anhängen ſol-
len.

sen. Die vierte Urkunde endlich bestätiget dem Kloster die neue Incorporation der Kirche U. L. F. in der Stadt Meißen mit allen ihren Zugehörungen. So ist der ganze Zweifel gehoben, alles deutlich, und man braucht aller jener Weitläuftigkeiten nicht, die ohnedem nimmer erwiesen werden können.

§. 30.

Zum Beschluß will ich meinen Lesern, weil ich nicht weiß, ob ich so bald weiter von diesem alten Kloster mit ihnen sprechen möchte, noch die Reihe der Pröbste hersetzen, so viel ich ihrer von der Zeit der Stiftung an bis auf die Zeiten der Reformation oder der Errichtung der Fürstenschule aus sichern Urkunden, Grabschriften u. s. w. habe ausfündig machen können.

Gotswin, ein Mönch vom Kloster Lautersberge, von dem Stifter selbst erwählt, starb 1222. Ihm folgte

Albert, erst ebenfalls ein lautersbergischer Mönch; kommt bis 1245 als Probst namentlich vor.

Friedrich, von 1256 bis 1266. Dieser nun müßte der fromme und rechtgläubige Mann gewesen seyn, von dessen höchsterbaulichen Anstalten zu seinem Ende Fabricius in Annal. Misn. ad ann. 1263. viel lehrreiches sehr ausführlich erzählt

zählt hat, und dem es Fauſt S. 24, und faſt alle Verfaſſer alter Predigtbücher, ſonderlich in der Lehre von der Vorbereitung zum Tode, nach, geſchrieben haben.

Dittrich I. 1270 bis gegen 1280.

Leo, einer der beſten und merkwürdigſten Pröb, ſte, kommt zuerſt im Jahr 1280 und zuletzt 1297 namentlich vor.

Conrad von Lipzs, 1300 bis 1317.

Johann von Hunſperg, 1323. 1327.

Johann Hochmuth, 1333.

Jenichen von Schleyniß. Dieſen nennet Pecken, ſtein S. 67. Wenn er es geweſen iſt, ſo fällt ſeine Zeit gerade in die Lücke meines Chartula, riums vom Jahr 1336 bis 1347. Sein Va, ter Kunemann, und ſeine Mutter Abelheid von Schleyniß haben dem Kloſter anſehnliche Ein, künfte zugewandt, und liegen in der St. Afra, kirche beym Taufſteine begraben. Er ſoll 1354 geſtorben ſeyn. In Urkunden habe ich ihn als Probſt nicht gefunden.

Ulrich von Polentz, 1360. 1361.

Dittrich II. von Praußitz, 1362 u. ſ. ſ. Er liegt gerade vor dem Taufſteine, mitten im Chore be, graben. Auf ſeinem Leichenſteine iſt noch ſo viel lesbar: Anno dñi Mº.CCCº.LXXVIº. die ...
.obiit

obiit vir rev^d9 (reverendus) Theodericus de Prauczicz p̃posit9 huj. mon.

Johann von Birmicz, 1376 bis 1382. Von hier an bis 1389 ist wieder eine Lücke.

Ehrenfried von Schleynitz, war schon 1371 im Kloster ein Canonicus. Die erste Urkunde, in welcher ich ihn als Probst genennt finde, ist von 1389. Sein Vater war Heinrich von Schleinitz auf Schleinitz; seine Mutter hieß Adelheid; sein ältester Bruder Heinrich war Domprobst zu Meißen, und ein jüngerer, Frenzelln, Pfarrer zu Lommatzsch und Canon. regul. zu St. Afra. Unsers Probstes wird noch 1393 gedacht.

George Eckelmann, von Meißen, 1396 bis 1413.

Ehrhard von Plotitz, 1413 bis 1426.

Johann von Graußwitz, 1427. ist 1444 gestorben.

Johann Stoyan. Seiner wird zuerst 1447 gedacht. Er starb den 28 Dec. 1463, liegt beym Altar dichte bey der Sacristeythüre begraben. Auf seinem Grabstein ist alles, bis auf diese Worte: obiit Joh. Stoya, p̃positus, ausgetreten. Ihm folgte

Nicolaus Stoyan. Er war es noch 1466, aber im Jahr 1469 kommt schon

Nicolaus Qwestewitz als Probst vor. Er ist nicht 1492 nach Fabriciussens [74] Anzeige gestorben, sondern 1489 im August, weil eben um diese Zeit

G 3

An-

---

74) Annal. Misn. p. 164.

Andreas Tettelbach, von Wurzen gebürtig, per primarias preces des Biſchofs erwählt und eingeſetzt worden iſt. Wie in dem Leben dieſes Mannes überhaupt viel beſonderes vorkommt, ſo war derſelbe auch ein ſtarker Ablaßnegotiante. Er ſtarb den 5 April 1503. Die noch vorhandenen Wahlacten zeigen an, daß ſeine Stelle durch **Simon Tauſchen** wieder beſetzt worden ſey. Bis 1521 kommt er oft vor; im Julius des folgenden 1522ſten Jahrs findet ſich

M. Stephanus Köhler, als Probſt. Er ſtarb im Jahr 1533, und auf ihn folgte nun der letzte,

Nicolaus Kluncker. Von ſeiner löwenmäßigen Stärke erzählt Fabricius [75] etliche ganz artige Geſchichtchen. Er nahm 1539 die diviſ. Apoſt. bey der Viſitation die evangeliſch = lutheriſche Lehre an, und ſtarb 1542. Ueber der Sacriſteythüre iſt ſein Epitaphium an der Wand befeſtigt, auf welchem er abgebildet in ſeinem Ordenshabite vor dem gekreuzigten Erlöſer kniet. Unten ſteht dieſe Aufſchrift: Anno domini 1542 zar mittwoch vor Lucia iſt in Got vorſchieden Herr Nicolaus Kluncker, der letze Probſt ſant Afrancloſters. Hat yn zeyt Heinrichs regiment ym 40ten Jahr das Evangelium angenommen. Davor ſey Gott lob, ehre und dank yn Ewikeit. Amen.

75) Annales Miſn. p. 183.

Spici-

SPICILEGIVM
DIPLOMATVM.

I.

In nomine fancte et individue trinitatis. Theodericùs dei gratia Myfnenfis Epifcopus. Fidelis agricole officium hoc expofcit, quod agrum fibi â patrefamilias commiffum fpinis fuccrefcentibus radicitus evulfis ad producendos huberiores fructus fertiliorem reddere laboret, ne fimul exorte fpine femen fuffocare valeant, et ne ipfius agricole poffint ullatenus evacuare labores. Hinc eft, quod quum fimus cultores agri dominici et religionem, quam forte in nobismet ipfis non habemus, amplecti in aliis teneamur, ut quod per noftram abfentiam negligitur, eorum precibus et fuffragiis compleatur. Notum effe volumus tam noftri quam futuri temporis fidelibus, quod nos in ecclefia Sancte Affre Myfne ante caftrum in monte fita, que ad donationem noftram jure epifcopali fpectare dinofcitur, pro remedio noftre anime, et pro negligentiis fratrum noftrorum tam prefentium quam futurorum, religionem de novo plantare volentes, de confenfu capituli noftri ftatuimus, ut in eadem ecclefia S. Affre Canonicorum regularium fecundum regulam beati Auguftini viventium fit

con-

conventus, liberam habens facultatem eligendi sibi prepositum, sive de suo sive de alio ejusdem ordinis collegio. Qui prepositus cum electus fuerit, nobis et post nos futuris episcopis presentabitur investiendus. Et ipsa ecclesia in festivitatibus patronorum nostrorum beati Johannis Apostoli et Evangeliste, et beati Donati, et dedicationis ecclesie nostre, et in exequiis canonicorum defunctorum, seu in receptione principum, successoribus nostris et matrici ecclesie honorem debitum exhibebit. Volentes igitur ipsam ecclesiam esse secundariam, et propter favorem religionis prepositum ipsius ecclesie in processione et in choro nostro juxta latus Decani nostri decernimus statuendum. Ceteri autem fratres ejus, qui sacerdotes fuerint infra noftros Canonicos et supra perpetuos Vicarios locabuntur. Statuimus etiam, ut nullus omnino ob aliquam causam ecclesiam eandem subjiciat Interdicto, nisi solus Dyocefanus, vel nisi interdictum fuerit generale. Et ut divinum officium ibidem folempnius celebretur, fcole illic duodecim puerorum fecularium habeantur. Preterea Canonicos noftros et eorum Vicarios animarum cura fatigari nolentes, omnes milites in caftro five Militares et eorum familias, et canonicorum fervos in omni facramentorum jure percipiendo, & in folempnitatum oblationibus et fepulturis ad eandem ecclefiam immediate volumus pertinere. Omnes igitur poffeffiones, quas fepedicta ecclefia in prefenti quiete poffidet, videlicet octo manfos

in

in Storkwitz, et decem manſos in Thiſewiz, cum omni utilitate et fructu, preter quod matrici ecclefie nomine decime cedent XVIII. modii filiginis et tantum avene Doblinenfis menfure. Reliquos autem fructus quos habet de ipfis villis et de decem manſis in Slettowe, & decimas et fcoccos in villis et dominicalibus earum, in Preudowe, in utroque Kagan, Strofzen, Nymoticz, Lewefchicz, Budefitz, Kanewicz, et in utroque Mheren, Kafs-kowe, et in utroque Kane, Sczedelitz, Pirtotiz, et in villa Slettowe, et apud caftrum Mifue, et capellam Sancte Marie in foro, et jus patrona-tus in Broctitz, et decimam integraliter ejusdem ville, fcilicet XVII. modios filiginis et XXVIII. modios avene, ¹) in Clewan VI. modios filiginis et totidem avene, in Sornwitz XI. modios filiginis et totidem avene, verfus Albeam in Okrull XVI. modios filiginis et totidem avene, in Chaza IIII. modios filiginis et totidem avene Haynenfis Menfure, in Grobere X. modios filiginis et totidem avene Mifnenfis menfure, in Ratfuwiz ²) fex manfos cum fylva adjacente et quinquaginta fcoccos decimarum in his villis, in Borowfwiez, Bizkowiz, Derhe, Difwiz, Boferwiz, Iawirnitz et quascunque poffefliones largitione fide-

----

1) al. cop. Totidem avene.

2) al. cop. Raſſwiz; ißo Rabewiß bey und zu Seufelis.

fidelium in poſterum, vel cujuslibet contractus tytulo ſive aliis quibuscunque modis juſte adipi- ſci potuerint, pontificali autoritate ei ſtabiles et inconvulſas permanere decrevimus in ea libertate, ut fratres ibidem Deo militantes plenam habeant poteſtatem eas ad utilitatem ecclefie ſue conver- tendi. Optamus autem et volumus locum jam dictum et bona ei attinentia in villis, in ſylvis, in campis, in agris cultis et incultis, in pratis et in paſcuis, in arboribus et arbuſtis, in hortis et in areis, in aquis et in aquarum decurſibus, in exitibus et reditibus, in acquirendis et acquiſitis, in reditibus et proventibus, et in omni prorſus utilitate, que nunc ineſt et in futurum ineſſe pote- rit, ab omni hominum invaſione et precaria ex- actione ſalva manere, eorum pro quorum ſuſten- tatione oblata ſunt uſibus omnimodis profutura. Et ne aliquis ſucceſſorum noſtrorum aut quilibet alius, quod abſit, hec que ſtatuimus immutare at- temptet, preſentem paginam ſigillo noſtro et Ca- pituli noſtri munitam conſcribi, et eorum, qui ſunt infra notati teſtimonio fecimus roborari. Si quis autem huic noſtre ordinationi auſu teme- rario ſcienter preſumpſerit contraire, perpetui anathematis vinculo innodatus cum Sathana & an- gelis ejus eterne maledictionis pena plectatur. Teſtes ſunt hi, Siffridus abbas Pigavienſis, Bruno prepoſitus ecclefie majoris Miſnenſis, Theoderi- cus prepoſitus Worzinenſis, Theodericus cuſtos Miſnenſis, Theodoricus Polonus, Luitherus, Ul-

ricus,

ricus, Nycolaus, Bertramus, Wypertus, Magister Martinus, Misnenses canonici.   Placuit preterea nobis de communi capituli nostri consilio
ad hoc nostre constitutionis robur firmius prote-
standum,   principis nostri Domini Theodorici
Mysnensis marchionis benevolentie presidium po-
stulare, qui divina inspirante gratia, precibus nostris facilem prebuit adsensum, ac sub sigilli sui
testimonio huic pagine appenso ejusdem novelle
nostre plantationis protectorem fidelem existere
se promisit; presentibus castellanis, viris discretis,
qui tamen ante fundationem religionis ejusdem
Sancte Affre ecclesie parochiales fuerunt, his videlicet, domino Meynhero Mysnensi prefecto, Ot-
thone nobili dicto de Suselicz, Rudgero dicto
Qwass, Rudgero dicto Borgk, Heynrico de Wartha, Gunthero de Slowyn, Wignando de Her-
sleyn, Mattheo de Moschwiz 3) et aliis quam plu-
ribus.   Acta sunt hec anno dominice incarnationis M°.CC°.V°. pontificatus nostri anno XV°. Indictione octava, feliciter, Amen.

II.

In nomine sancte et individue trinitatis. Theodoricus dei gratia Misnensis episcopus.
Fidelis agricole officium hoc expofcit, quod
agrum

---

3) al. cop. Muswicz, et iterum al. Mysewicz.

agrum ſibi â patrefamilias commiſſum ſpinis ſuc-
creſcentibus radicitus evulſis ad producendos uberiores fructus fertiliorem reddere laboret, ne ſimul
exorte ſpine ſemen ſuffocare valeant, et ne ipſius
agricole poſſint ullatenus evacuare labores. Hinc
eſt, quod cum ſumus cultores agri dominici, et
religionem, quam forte in nobismet ipſis non
habemus, in aliis teneamur amplecti; Notum eſſe
volumus tam noſtri quam futuri temporis fidelibus, quod nos in eccleſia S. Affre Myſne ante
caſtrum in monte ſita, que ad donationem noſtram jure epiſcopali ſpectare dinoſcitur, pro remedio anime noſtre religionem de novo plantare
volentes, de conſenſu capituli noſtri ſtatuimus,
ut in eadem eccleſia S. Affre Canonicorum Regularium ſecundum regulam beati Auguſtini viventium ſit conventus, liberam habens facultatem
eligendi ſibi Prepoſitum, ſive de ſuo ſive de alio
ejusdem ordinis collegio, qui prepoſitus cum
electus fuerit, nobis et poſt nos futuris epiſcopis
preſentabitur inveſtiendus; et ipſa eccleſia honorem debitum nobis et ſucceſſoribus noſtris et matrici eccleſie exhibens in majoribus feſtivitatibus
et in obſequiis fratrum defunctorum ſeu in receptione principum, eo tenebitur Jure, quo tenetur eccleſia beati Mauricii in Nuenborc ſue matrici eccleſie, et ſcole XII. puerorum ſecularium
ibi habeantur. Omnes ergo poſſeſſiones quas
prefata eccleſia in preſenti poſſidet, videlicet un-
decim manſos in villa Slettoswe, et novem manſos

fos in Storckwiz, et duodecim manfos in Claut-
fchiz, et capellam S. Marie in foro cum appendiciis fuis, et decimas villarum, quas in prefenti
quiete poffidet, & quascunque poffeffiones largitione fidelium in pofterum, vel cujuslibet contractus tytulo, five aliis quibuscunque modis adipifci potuerit, pontificali authoritate ei ftabiles
et inconvulfas permanere decrevimus, in ea libertate ut fratres ibidem Deo militantes plenam habeant poteftatem eas ad utilitatem ecclefie fue
convertendi. Optamus autem et volumus locum
jam dictum et bona ei attinentia in villis et fyl-
vis, in campis, in agris cultis et incultis, in pratis et pafcuis, in arboribus et arbuftis, in hortis
et areis, in aquis et aquarum decurfibus, in exitibus et reditibus, in acquirendis et acquifitis,
in reditibus & proventibus, & in omni prorfus
utilitate, que nunc ineft vel in futurum ineffe
poterit, ab omni hominum invafione et precaria
exactione falva manere eorum pro quorum fuf-
tentatione oblata funt ufibus omnimodis profutura. Et ne aliquis fucefforum noftrorum vel
quilibet alius, quod abfit, hec, que ftatuimus,
immutare attemptet, prefentem paginam figillo
noftro munitam confcribi et eorum, qui funt
infra notati teftimonio fecimus roborari. Si quis
autem huic noftre ordinationi aufu temeraio
fcienter prefumpferit contraire, perpetui anathematis vinculo innodatus cum Sathana et angelis
ejus eterna maledictionis pena plectatur. Teftes
　　　　　　　　　　　　　　　　　　　　　fuat

· funt hi: Siffridus abbas Pigavienfis, Bruno prepofitus ecclefie majoris Mifnenfis, Theodericus prepofitus Worcinenfis, Theodoricus cuftos Mifnenfis, Theodericus Polonus, Luitherus, Ulricus, Nicolaus, Bertramus, Wipertus, Magifter Martinus, Canonici Mifnenfes. Acta funt hec anno dominice incarnationis M°.CC°.V°. pontificatus noftri anno XV°. Indictione VIII. feliciter, Amen!

III.

In nomine fancte et individue trinitatis. Theodericus Myfnenfis Epifcopus. Fidelis agricole officium hoc expofcit, quod agrum fibi â patrefamilias commiffum fpinis fuccrefcentibus radicitus evulfis, ad producendos uberiores fructus fertiliorem reddere laboret, ne fimul exorte fpine femen fuffocare valeant, et ne ipfius agricole poffint ullatenus evacuare labores. Hinc eft, quod cum fimus cultores agri Domini & religionem, quam forte in nobismet ipfis non habemus, in aliis teneamur amplecti: Notum effe volumus tam noftri quam futuri temporis fidelibus, quod nos in ecclefia Sancte Affre Myfne ante caftrum in monte fita, que ad donationem noftram jure Epifcopali fpectare dinofcitur, pro remedio anime noftre religionem de novo plantare volentes de confenfu Capituli noftri ftatuimus, ut in eadem ecclefia S. Affre Canonicorum regularium fecundum

dum regulam beati Auguſtini viventium ſit conventus, liberam habens facultatem eligendi ſibi
Prepoſitum ſive de ſuo, ſive de alio ejusdem ordinis collegio, qui Prepoſitus, cum electus fuerit,
nobis et poſt nos futuris epiſcopis preſentabitur
inveſtiendus, et ipſa eccleſia honorem debitum
nobis et ſucceſſoribus noſtris et matrici eccleſie exhibens in majoribus feſtivitatibus. et in exequiis
fratrum defunctorum, ſeu in receptione principum eo tenebitur jure, quo tenetur eccleſia beati
Mauricii in Nuenborc ſue matrici eccleſie.
Omnes ergo poſſeſſiones, quas prefata eccleſia
in preſenti poſſidet, videlicet X. manſos in villa
Slettouwe, et novem manſos in Storckewiz, et
decimas villarum, quas in preſenti quiete poſſidet, et quascunque poſſeſſiones largitione fidelium in poſterum, vel cujuslibet contractus tytulo
ſive aliis quibuscunque modis adipiſci potuerint,
pontificali auctoritate ei ſtabiles et inconvulſas
permanere decrevimus in ea libertate, ut fratres
ibidem Deo militantes plenam habeant poteſtatem
eas ad utilitatem eccleſie ſue convertendi.   Et ne
aliquis ſucceſſorum noſtrorum u. ſ. w. bis: feliciter, Amen! iſt mit dem in vorhergehender Urkunde völlig gleichlautend.

IIII.

In nomine ſancte et individue trinitatis. Theodoricus Miſnenſis Epiſcopus.   Cura pa-
 　　　　　　　　　H　　　　　　ſtora-

ſtoralis officii, quam gerimus, hoc expoſcit, ut
gregi religioſe viventi, precipue â nobis plantato,
debita ſollicitudine provideamus, ne inopia temporalium ipſum compellat â religionis propoſito
refilire; Eapropter notum eſſe volumus tam preſentis quam futuri temporis fidelibus, quod nos
novelle plantationi noſtre quam nuper ordinavi-
mus Canonicorum Regularium ecclefie Sancte
Affre in Miſna, paterno affectu confulere volentes cum unanimi fratrum noſtrorum confenſu Eccleſiam ſancte Marie forenſem ipſis contulimus
cum omni utilitate et pertinentiis ejus, videlicet
cum decimis in his villis, in Sornwiz XXII. modiis utriusque Annone ſiliginis et avene; in Ock-
rull XXXII. modiis utriusque annone; in Choza
VIII. modiis utriusque annone Haynenſis Menſure; in Grobere XX. modiis utriusque annone
Miſnenſis menſure, et cum ſcoccis in his villis
in Boraſowiz XII. ſcoccis utriusque annone; in
Biſcopiz II. ſcoccis; in Dere III. ſcoccis; in Di-
diſwiz XI. ſcoccis; in Boſerwiz VIII. ſcoccis; in
Jawirnitz XIII. ſcoccis; et cum villa Ratswiz,
cujus ſex ſunt manſi, et cum ſylva adjacente,
agris, cujus ſylve ſunt termini hij: rivulus in
magno fundo decurrens, qui dividit agros villarum Bretſelin et Ratswiz, idem rivulus dividit
ſylvam domini Ottonis de Sufelitz et aliorum cir-
cumſedentium, et ſylvam ville Ratſwiz in ipſo
fundo, ubi autem rivulus in decurſu venit contra
agros in monte ſitos ſepedicte ville ab ipſo rivu-

lo

lo furfum ufque ad ipfos agros; funt termini fyl-
ve ad ecclefiam pertinentis. Ut autem hec noftra donatio rata in perpetuum et inconvulfa permaneat, prefentem paginam figilli noftri et capituli noftri munimine roboratam ipfis pro teftimonio porreximus fub intimatione anathematis firmiter inhibentes, nel quis aufu temerario aliquid
ex his, que ad ipfam ecclefiam pertinere viden-
tur, malitiofe aut violenter fibi prefumat ufur-
pare; quod fi quis diabolica fuggeftione attemptare prefumferit, a communione facrofancte ecclefie fegregatus in pena gehennali cum apoftata
angelo eterno fupplicio condempnetur. Teftes
hujus facti funt, Luitherus, Ulricus, Bertramus,
Wipertus, Magifter Martinus, Canonici Mifnenfes, dominus Meinherus Mifnenfis prefectus,
dominus Otto de Sufelicz, Hoygerus de Schaf-
fowe, Guntherus de Slowin, Mattheus de Muf-
fewicz. Acta funt hec Mifne, anno dominice
incarnationis Mo.CCo.Vo. pontificatus noftri anno XVo. Indictione VIII. feliciter, Amen.

Suprafcripte copie concordant de verbo ad
verbum cum fuis veris Originalibus, in cujus fidem et teftimonium ego Erafmus Günther 4) Clericus Mifnenfis diöcef. publicus
H 2 _ impe-

4) Erafmus aur Afmus Günther findet fich hernach unter den meißnifchen Domvicarien, als
Vice-

imperiali auctoritate notarius manu mea propria fubfcripfi.

V.

INNOCENTIUS Epifcopus, Servus fervorum Dei dilectis filiis prepofito et fratribus ecclefie fancte Afre falutem et apoftolicam benedictionem. Solet annuere fedes apoftolica piis votis et honeftis petentium precibus favorem benevolum impertiri. Eapropter dilecti in Domino filii veftris juftis poftulationibus grato concurrentes affenfu poffeffiones, quas ecclefia veftra habet in Slettowe et Storkewiz, decimas et fcoccones, quas habet in villis et dominicalibus earum, videlicet in Predouwe, utroque Kagan, Rochim, Niemofchiz, Leufticz, Choniniwiz, et in utroque Miran, Kafhkouwe, et in utroque Kanin, Zelice, ac utroque Letuwe, Jawirniz, et apud caftrum Mifne, et modios et maldratas in Grobere, Brodtri, Cleuwan, Sornwiz et Ocrum, ficut ea omnia jufte et pacifice poffidetis, et in avthentico fratris noftri Epifcopi Mifnenfis continetur, Vobis et per vos eidem ecclefie autoritate apoftolcia confirmamus, et prefentis fcripti patrocinio com-

muni-

Vicarius Vicariae Omn. Sanct. primae, im Jahr 1520 und 1525.

munimus; statuentes ut ordo Canonicus qui secundum Dei et b. Augustini regulam ab eodem Episcopo ibidem institutus esse dinoscitur, perpetuis ibi temporibus inviolabiliter observetur. Nulli ergo omnino hominum liceat hanc paginam nostre confirmationis et constitutionis infringere, vel ei ausu temerario contraire; si quis autem hoc attemptare presumferit, indignationem omnipotentis Dei et beatorum Petri et Pauli apostolorum ejus se noverit incursurum. Datum Rome aput S. Petrum II. Non. Julij, pontificatus nostri anno octavo. 5)

H 3 VI.

5) Von dieser Bulle steht im Chartular eine dreyfache Abschrift. Der Pabst, der sie gegeben hat, ist Innocentius der dritte, welcher von 1198 bis 1216, in allem 18 Jahr, 6 Monat und 9 Tage den päbstlichen Stuhl besessen hat; mithin fällt die Zeit dieser Bulle in das Jahr 1206. Die Namen der Ortschaften sind, wie es in dergleichen Bullen gewöhnlich ist, auch hier sehr verunstaltet. Nihil, sagt Aubertus Miraeus in praef. ad Cod. Provincialem Roman. nihil librariorum erroribus magis expositum est, quam propria locorum et personarum nomina.

ü

VI.

In nomine ſancte et individue trinitatis. Theodericus Dei gratia Miſnenſis marchio. Notum
eſſe voluinus tam preſentis' quam futuri temporis
fidelibus, quod cum â Domino Philippo Rege
Romanorum nobis ſit indultum et in privilegium
conceſſum, ut de poſſeſſionibus Marchie noſtre,
quas vel nos vacantes haberemus, et alii de manu
noſtra jure feodali habere noſcuntur, nobis licitum ſit, ecclefias de novo conſtruere, et con-
ſtructas dotare, et dotatas ditare; Nos pro remedio anime noſtre et ad petitionem domini Theo-
derici, venerabilis epiſcopi Miſnenſis, et ad in-
ſtanciam dilectorum noſtrorum fratrum Sancte
Afre, quoddam Dominicale ante caſtrum noſtrum
Miſnen ſitum, cujus dominicalis area proxima
eſt civitati Miſren, quod dilectus Miniſterialis
noſter Conradus Spanſeill â nobis in feodo·tene-
bat, et in manum noſtram reſignavit, predicte
ecclefie ſancte Afre et fratribus ibidem manentibus
ad honorem Dei et ſanctorum ſuorum, cum omni utilitate et appendiciis ſuis, ſylvis et agris, paſcuis et areis, ad uſus eorundem fratrum contulimus. Ut autem hec noſtra donatio rata perpe-
tuo et inconvulſa permaneat, eam Banno ſupra-
dicti Epiſcopi et ſigilli noſtri impreſſione fecimus
communiri. Hujus rei teſtes fuerunt Lutherus
canonicus, Hiltebrandus capellanus, Mattheus
de Miſna, Henricus de Coldicz, Bernhardus de
T'be-

T'bechî, Heinricus de Chorun, Theodericus Rabil, Fridericus de Groitzs, et frater ejus Hermannus, Albertus de Licenich, Arnoldus de Szlowin, Hageno de Doblin, Theodericus Smaltz, Bernhardus Qwasz, Herrmannus de Pichowe, Henricus de Wartha. Acta sunt hec anno dominice incarnationis M⁰.CC⁰.VIII⁰. Indictione XIª. Kalend. Aprilis.

VII.

In nomine sancte et individue trinitatis. Bruno secundus, Misnensis Episcopus. Cura officii pastoralis expofcit, ita nos gregi religiose viventi debita follicitudine, ne inopia temporalium ipfum â religionis propofito refilire compellat; eapropter notum effe volumus tam prefentis, quam futuri aevi fidelibus, quod indigencie Canonicorum Regularium Sancte Afre in Mifna paterno affectu volentes confulere, cum unanimi fratrum noftrorum confenfu Ecclefiam S. Marie forenfem in Mifna, cujus inveftitura ad epifcopalem fpectabat auctoritatem, ipfis cum omni utilitate et pertinenciis ipfius contulimus. Ut autem hec noftra donatio rata et inconvulfa permaneat, prefentem paginam figilli noftri impreffione munitam ipfis porreximus, fub interminatione Anathematis firmiter inhibentes, ne quis aufu temerario contra hanc collationem venire attemptet: Quod fi quis diabo-

H 4   lica

lica ſuggeſtione preſumſerit â Communione ſacro-
ſancte ecclefie ſegregatus in pena gehennali cum
Apoſtata angelo eterno dampnetur ſupplicio.
Teſtes autem ſunt Theodericus major prepoſitus,
Gunzelinus decanus, Lutherus canonicus, Bertramus Worcinenſis prepoſitus, Nicolaus canonicus,
Ulricus canonicus, Wipertus canonicus, Luipran-
dus canonicus, Martinus ſcolaſticus, Albertus
canonicus. Acta ſunt hec in Miſna anno dominice incarnationis M°.CC°.XIII°. pontificatus noſtri
anno tertio, Indictione prima.

VIII,

Bruno ſecundus dei gratia ecclefie Miſnenſis
epiſcopus, omnibus tam preſentibus quam
futuris Chriſti fidelibus ſalutem et gaudium in Deo
ſempiternum! teſtimonio preſentium litterarum
proteſtamur, quod nos de conſenſu Capituli noſtri contulimus ecclefie Sancte Afre in Miſna Jus
patronatus ecclefie in Broctitz, et decimam ex
integro ejusdem ville, videlicet XLII. modios filiginis et XXVIII. modios avene, addentes ei decimam in ſubſcriptis villis nominatam proprietatis
jure in perpetuum poſſidendam, in Clewan
VI. modios filiginis et totidem avene, in Sornwiz
XI. modios filiginis et totidem avene, verſus Albeam in Okrull XVI. modios filiginis et totidem
avene, in Chaza IIII. modios filiginis et totidem
ave-

avene, Haynenfis menfure, in Grobere X. modios filiginis et totidem avene Mifnenfis menfure. Et ne in pofterum alicui de his dubietas oriatur, prefentem paginam noftri figilli munimine roboratam eidem ecclefie dedimus ad cautelam. Teftes autem funt Theodericus major prepofitus, Guncelinus decanus, Lutherus canonicus, Wipertus canonicus et alii quam plures. Acta funt hec in Mifna anno domini Mo.CCo.XIIIo. pontificatus noftri anno tertio, Indictione prima.

VIIII.

Honorius epifcopus fervus fervorum Dei dilecto filio Scolaftico ecclefie S. Marie in Erfordia, Maguncienfis diocefis, falutem et apoftolicam benedictionem. Dilectorum filiorum Prepofiti, prioris et conventus monafterii fancte Afre Mifnen. per prepofitum foliti gubernari, Ordinis S. Auguftini, in precibus inclinati, prefentium tibi autoritate mandamus, quatenus ea que de bonis monafterii ipfius alienata inveneris illicite vel diftracta, ad jus et ad proprietatem ejusdem monafterii legittime revocare procures, contradictores per cenfuram ecclefiafticam appellatione poftpofita compefcendo, tefles autem qui fuerint nominati, fi fe gratia, odio vel timore fubtraxerint, cenfura fimili, appellatione ceffante compellas veritati teftimonium perhibere. Datum

H 5   Rome

Rome apud S^{tam} Sabinam, Idus Decembris pontificatus noſtri anno primo. 6)

X.

Henricus dei gratia Miſnenſis et Orientalis marchio, thuringorum lantgravius et Saxonie
comes palatinus omnibus hanc litteram inſpecturis
ſalutem in domino in perpetuum. Ne rerum ge-
ſtarum memoria elabatur cum tempore, neceſſe
eſt, eam ſcriptis competentibus et ſigillorum im-
preſſionibus roborari: noverint igitur preſentes et
diſcant poſteri, quod prepoſitus et fratres eccleſie
S. Afre infra muros civitatis Miſnenſis conſtitute,
edificia ſui cenobii ampliare cupientes viam quandam curie domini Decani Miſnenſis deſervientem,
ipſos autem in ſuis edificiis amplificandis impedientem, ab eodem domino Decano poſtulantes
impetraverunt, ita tamen, quod dicti fratres aliam
viam per cimiterium S. Afre reſtituant competentem Decano ſepe dicto, et ne circa viam illam cujusquam funus ulterius tumuletur; Cum igitur
univerſitas burgenſium noſtrorum, et communitas
militum provincialium et ruſticorum parochie ſu-
pradicte attinentes, ſuper eadem via ſuam voluntatem

6) Honorius III. folgte dem Innocentius III. unmittelbar, und ward Pabſt den 30 Jul. 1216.

em addiderit et confenfum, nos habito difcre-
torum et honeftorum virorum confilio, confenfum eundem, pariter et noftram fuper his permif-
fionem figilli fecimus munimine roborari, ne cuiquam in pofterum aliquis exinde dubietationis
fcrupulus oriatur.   Datum et actum Mifne anno
gratie M°,CC°.LVI°.

XI.

Conradus dei gratia Myfnenfis epifcopus uni-
verfis Chrifti fidelibus prefentem paginam
infpecturis falutem in Domino femp..etnam. Ne
rerum geftarum memoria elabatur cum tempore,
neceffe eft eam fcriptis competentibus et figillo-
rum impreffionibus roborari.   Noverint igitur
prefentes et difcant pofteri, quod Prepofitus et
fratres ecclefie S. Afre infra muros civitatis Mifnenfis conftitute, edificia fui cenobii ampliare
cupientes, viam quandam curie domini Decani
Myfnenfis infervientem, ipfos autem in fuis edificiis amplificandis impedientem, ab eodem decano poftulantes impetraverunt; ita tamen, quod
dicti fratres aliam viam per cimiterium S. Afre
reftituant competentem Decano fepedicto, et ne
circa hanc viam cujusquam funus ulterius tumuletur.   Cum igitur univerfitas burgenfium Mifnen-
fium, et communitas militum provincialium et
rufticorum parochie . S. Afre attinentium fuper
eadem

eadem via ſuam voluntatem addiderunt et conſenſum; nos habito diſcretorum et honeſtorum virorum conſilio conſenſum eundem pariter et noſtram ſuper his permiſſionem ſigilli noſtri fecimus
munimine roborari, ne cuiquam in poſterum aliquis exinde dubietationis ſcrupulus oriatur. Datum et actum Myſne, in Dominica Reminiſcere
anno gratie M⁰.CC⁰.LVI⁰.

XII.

Venerabilibus et religioſis viris, Prepoſito et capi-
tulo Eccleſie S. Affre Miſnenſis diöces.

Nicolaus epiſcopus ſervus ſervorum Dei, dilectis filiis, Prepoſito eccleſie Sancte Affre in
Miſna ordinis S. Auguſtini, ceterisque ejus confratribus tam preſentibus quam futuris regularem
vitam profeſſis, religioſam vitam eligentibus apo-
ſtolicum convenit adeſſe preſidium, ne forte cujuslibet temeritatis incurſus aut eqs à propoſito re-
vocet, aut robur (quod abſit) ſacre religionis in-
fringat; quapropter dilecti in domino filii, veſtris
juſtis poſtulationibus clementer annuimus, et prefatum monaſterium S. Afre in Miſna, in quo divino eſtis obſequio mancipati, B. Petri et noſtra
protectione ſuſcipimus, et preſentis ſcripti munimus privilegio. Inprimis ſiquidem ſtatuentes,
ut ordo Canonicus, qui ſecundum beati Auguſtini
regu-

regulam atque inftitutionem canonicorum regularium in eodem monafterio â venerabili confratre
noftro Theodorico pie memorie Mifnenfis ecclefie epifcopo dinofcitur inftitutus, perpetuis ibidem
temporibus inviolabiliter obfervetur. Preterea
quascunque poffeffiones, quecunque bona idem
monafterium inprefentiarum jufle et canonice poffidet, in futurum conceffione pontificum, largitione principum, oblatione fidelium, feu aliis
juftis modis, preftante Domino potuerit adipifci,
firma vobis veftrisque fucefforibus et illibata per-
maneant. In quibus hec propriis duximus expri-
menda vocabulis: locum ipfum, in quo monafle-
rium fitum eft, cum omnibus pertinentiis fuis,
octo manfos in Storckwitz, decem manfos in Ife-
wiz, novem manfos in Letowe, et decimas et
fcoccos in villis et dominicalibus earum, in Prau-
dowe, in utroque Kagarum, Strofzin, Nimotiz,
Leutfiz, Budeficz, Konewiz et in utroque Meran,
Kafcowe, et in utroque Kanyn, Scedelicz, Pir-
dotiz, et in villa Letowe et apud caftrum Mifne, 7) et capellam fancte Marie in foro, et qua-
tuor manfos in Broctiz, et novem marcas argenti
et fertonem in cenfu, et tres maldratas avene in
eadem villa, et jus patronatus ecclefie in Broctitz,
con-

7) In der Copie meines Chartularii steht zwar clauftrum Mifne, diefes aber ist in Vergleichung mit
obigen erften Urkunden offenbar ein Schreibfehler.

conferendi illud cu:cunque volueritis, et si pla-
cuer:t, uno de confratribus vestris; et decimam
integraliter ejusdem ville, XLII. modios siliginis
et XXVIII. axdios avene in Clewan, sex modios
siliginis et totidem avene in Sornwiz, XI. modios
siliginis et totidem avene versus Albeam in Ock-
rull, VI. modios siliginis et totidem avene in
Choza, IV. modios siliginis et tantum avene Hay-
nensis mensure in Grobere, X. axdios et totidem
siliginis et avene Misnensis mensure in Ratswiz,
VI. mansos ad sylvam adjacentes, cujus sunt termini â sinali parte vinee in 'monte site deorsum
usque ad torrentem in magno fundo decurren-
tem, contra villam Bretselin; et quinquaginta
scoccos in his villis, in Boratswiz, Piscopiz, Dere, Didiswiz, Bosserviz, Jawirniz, et viginti modios siliginis et avene in villa Grumbach, et in
Rhanis novem talenta et octo solidos denariorum,
et tabernam solventem talentum denariorum, et
decimas ejusdem ville, cujus sumina est tres mal-
drate siliginis et totidem avene Dresdensis mensure
et LXVIII. pullos et IX. scoccos ovorum, et sylvam ad eandem villam pertinentem, cujus sunt
termini â via qua itur â villa majori Ranis versus
Dreseden et proceditur ad montem, qui precedit
Trachenowe, et terminatur in via, qua itur Bo-
ckendorf-contra Dresden; et IV. mansos in Rei-
chinbergk, et V. mansos in villa Nikaswiz (al.
Neckanitz) solventes quinque talenta Denariorum
et X. solidos pro servitio; Et scolas XXIIII. Scho-
larium

larium puerorum, hac conditione et jure, ut nullus Magiftrorum tam majoris Mifnenfis ecclefie, quam veftre ecclefie alterius fcholares recipiat in ejus prejudicium fine bona ejus voluntate. Que omnia fuperius expreffa cum ceteris utilitatibus et proventibus ecclefiafticis, cum pratis, vineis, terris, nemoribus, pafcuis, in aquis et molendinis, in viis et femitis et omnibus aliis libertatibus, Vobis autoritate apoftolica confirmamus. Sane laborum veftrorum, quos propriis manibus aut fumtibus colitis tam de terris cultis quam incultis, five de hortis et virgultis, ut de nutrimentis animalium veftrorum, nullus à Vobis decimas exigere vel extorquere prefumat. Prohibemus infuper diftrictius, ne terras vel fylvas feu quodlibet beneficium ecclefie veftre collatum liceat alteri pro beneficio dari five alio modo alienari absque confenfu tocius veftri capituli, vel majoris partis et feniorum ipfius. Si quis vero donationes aut alienationes aliter quam dicte et facte fuerint, eas irritas cenfemus. Licitum preterea vobis fit in caufis propriis five civilem five criminalem contineat, confenfione fratrum veftrorum et teftimoniis uti, ne pre defectu teftium jus veftrum valeat deperire. Infuper autoritate apoftolica inhibemus, ne aliquis cujuscunque dignitatis vel poteftatis perfona ad conventus forenfes vos ire, vel judicio feculari de poffeffionibus veftris fubjacere compellat; nec ipfe Epifcopus ad domus veftras caufas tractandi vel aliquos conventus publicos

cos convocandi, venire prefumat; nec regularem
electionem Prepofiti veftri impediat, fed canonice examinet et confirmet. Porro fi aliarum ec-
clefiarum Rectores five Praelati cujuscunque
dignitatis, excepto folo duntaxat dyocefano Epifcopo, in monafterium veftrum vel perfonas inibi
conftitutas, fufpenfionis, excommunicationis vel
Interdicti formulam promulgaverint, perperam
et tanquam contra fedis apoftolice indulta prola-
tam, duximus irritandam, nec littere ille firmi-
tatem habeant, quas contra tenorem apoftolico-
rum privilegiorum conftituerit impetrari. Preterea cum Generale Interdictum terre fuerit, liceat
vobis fingulis, qui facerdotes eftis in veftris eccle-
fiis, exclufis excommunicatis interdictis, divina
officia cottidie celebrare, ita tamen fi caufam non
dederitis Interdicto. Et fi quam perfonam de
familia veftra, que vobis pro precio defervit, vel
de religiofis feminis, que Bagguine vocantur,
tempore Interdicti mori contigerit, propter favorem religionis liceat ipfam in cimiterio fepelii i.
Paci quoque & tranquillitati veftre inprimis in
pofterum follicitudine providere volentes, autoritate apoftolica prohibemus, ut infra claufuras
locorum feu Grangiarum veftrarum nullus rapi-
nam feu furtum facere, ignem apponere, fan-
guinem fundere, hominem temere capere vel
interficere, feu violentiam audeat exercere. Preterea omnes libertates et immunitates a predecef-
foribus noftris, Romanis pontificibus ecclefie
veftre

veftre conceffas; nec non et libertates, exem-
tiones feculariùm exactionum â Regibus et Prin-
cipibus vel aliis fidelibus vobis indultas, authoritate apoftolica confirmamus, et prefentis fcripti
privilegio communimus. Decrevimus ergo ut
nulli omnino liceat prefatum monafterium temere perturbare, aut ejus poffeffiones auferre,
vel ablatas retinere, minuere feu quibuslibet
vexationibus fatigare; fed omnia conferventur
eorum, pro quorum gubernatione et fuftenta-
tione conceffa funt ufibus omnimodis profutura, falva in omnibus fedis apoftolice authoritate. Si quis igitur in futurum, quod minime
optamus, ecclefiaftica fecularisve perfona contra hanc noftre conftitutionis paginam temere
venire attemptaverit, fecundo tertiove commo-
nita, nifi reatum fuum congrua fatisfactione
correxerit, poteftatis honorisque fui dignitate
careat, reumque fe divino judicio exiftere de
perpetua iniquitate cognofcat, et â facratiffimo
corpore et fanguine domini noftri Ihefu Chrifti
aliena fiat, atque in extremo examine difcrete
fubjiciat ultioni; cunctis autem eidem loco fua
jura fervantibus fic pape domini noftri Ihefu

I   Chrifti,

Chriſti, quatenus gerit fructum bone actionis, percipiant, et apud diſtrictum judicem eterne pacis premia conſequentur. Datum Rome apud S. Petrum XII. Kal. Decemb, pontificatus noſtri anno ſecundo. 8)

XIII.

In nomine Domini Amen! Nos Meinherus Dei gratia prefectus, ac univerſitas burgenſium civitatis Miſnenſis, omnibus preſens ſcriptum intuentibus ſalutem in eo, qui eſt omnium vera ſalus. Cum imminente neceſſitatis articulo muros Miſnenſis civitatis in multis locis pre vetuſtate collapſos reſtaurare cogeremur, accedentes ad prepoſitum Leonem et conventum ejus ecclefie S. Afre, circa quorum curiam murus in tribus locis corruerat, ad reparandos eosdem muros

---

8) Dieſe päbſtliche Urkunde fällt alſo ins Jahr 1278. Pabſt Nicolaus der dritte ward den 25 November 1277 erwählt, und ſtarb den 19 Aug. 1280.

muros poſtulavimus auxilium eorundem, ꞏqui
noſtris precibus et monitis inclinati mediam
partem omnium expenſarum in reparandis muris
ſupradictis juxta curiam ſuam ſe apponere pro-
miſerunt; preterea extra communes expenſas
in vecturis curruum ſuorum et omni qua pote-
rant diligentia noſtram benivolentiam captave-
runt, adjicientes, ut propter graves, quas fe-
cerant expenſas, viam quam juxta muros curie
ipſorum pro defenſione civitatis tempore belli
habere voluimus, ulterius non quaereremus.
Nos igitur conſiderantes ipſorum graves expenſas et obſequioſam voluntatem, quam nobis
tempore neceſſitatis benivole miniſtrarunt; per-
mittimus illis de bona voluntate omne noſtrum
ſpatium curie ſue, muris extra metam poſitis,
ampliare, et ut ad ipſos muros immediate,
quantum voluerint et valuerint ipſi et poſteri
ipſorum edificent, pro commodo curie ſepedicte; ſed tantummodo ſupra muros â valva
inferiori usque ad Dormitorium dominorum
liberum tranſitum habeamus. In cujus rei
teſtimonium preſentem literam conſcriptam
noſtris ſigillis fecimus roborari. Datum Miſne

anno

anno domini Milleſimo Ducenteſimo Octogeſimo Quarto.

XIIII.

W. 9) dei gratia ſancte Magdeburgenſis eccle. ſie archiepiſcopus, omnibus preſentes literas inſpecturis ſalutem in Chriſto. Etſi ex officii noſtri debito eccleſiarum jura tueri tene. remur, ad earum tamen conſervationem plus aſtricti credimus et ligati, que ad nos quaſi ad Superiorem proximum reſpiciunt, et ad eccle. ſiam noſtram tanquam ad matrem confugiunt in adverſis: hinc eſt, quod univerſis Chriſti fide. libus volumus notum eſſe, quod nos eccleſiam S. Afre in Miſna cum omnibus ipſius prediis et poſſeſſionibus in noſtram protectionem recipimus

9) W. Wibrand, Erzbiſchof zu Magdeburg — von ihm ſtehen in Ludewig, Reliq. MStor. T.V. p. 39. 40. 41 und 44. vier Urkunden, unter welchen die früheſte im Jahr 1236, anno ejus pontificatus primo, die ſpäteſte aber im Jahr 1252, anno ejus pontificatus decimo ſeptimo, geſchrieben iſt.

mus et tutelam. Omnibus, qui propter nos
et ecclefiam noſtram facere vel dimittere quio-
quam volunt, diſtricte mandantes, ne quis eo-
clefiam eandem moleſtare vel laedere audeat in
predictis, et ſi quis preſumpſerit attemptare,
Omnipotentis iram Dei et noſtram gravem indignationem pariter et offenfam ſe noverit in-
curriſſe. Actum Magdeburg anno gratie
Mº.CCº.Lⁿ. XIIII. Kal. Junij pontificatus noſtri
anno XVⁿ.

Inhalt.